中国铁路总公司科技研究开发计划项目(2014F019)
华南理工大学亚热带建筑科学国家重点实验室面上课题(2015ZB03)

铁路城镇综合体
理论体系与行动框架

郑明远　王　睦　等著

中国铁道出版社
2016年·北　京

内容简介

本书对铁路城镇综合体的概念范畴、实质、战略使命和形成机制进行了系统的探讨，从演化的视角建构了铁路城镇综合体的理论体系（包括基础理论和应用理论），设计了开发建设铁路城镇综合体的行动框架，提出了推动铁路城镇综合体发展的政策建议。

本书可供城市与区域规划、铁路规划与设计、城市开发与管理等领域的相关人员及高等院校师生参考使用。

图书在版编目（CIP）数据

铁路城镇综合体:理论体系与行动框架/郑明远等著.—北京：中国铁道出版社，2015.12

ISBN 978-7-113-21387-9

Ⅰ.①铁… Ⅱ.①郑… Ⅲ.①铁路-城镇-形成-研究-中国 Ⅳ.①F299.21

中国版本图书馆 CIP 数据核字（2016）第 004693 号

书　　名：铁路城镇综合体理论体系与行动框架
作　　者：郑明远　王　睦　等著

责任编辑：李丽娟　　**电话：**（010）51873135
封面设计：崔　欣
责任校对：马　丽
责任印制：郭向伟

出版发行：中国铁道出版社（100054，北京市西城区右安门西街 8 号）
网　　址：http://www.tdpress.com
印　　刷：三河市兴达印务有限公司
版　　次：2015 年 12 月第 1 版　2015 年 12 月第 1 次印刷
开　　本：700 mm×1 000 mm　1/16　印张:11.25　字数:150 千
书　　号：ISBN 978-7-113-21387-9
定　　价：39.00 元

参与调研及讨论人员

凌　敏　王成芳　单蔚颖　刘　丹

高铁军　曲庆芳　冯　菱　童俊嘉

姚　璇　陈家怡　廖思婷　曾敏玲

序一

去年秋，《国务院办公厅关于支持铁路建设实施土地综合开发的意见》[（国办发 2014（37）号]颁发，使得铁路土地综合开发成为理论界和一线工作者都十分关注的一个重要论题。本书的出版，可谓恰当其时，值得祝贺。

这是一本理论与应用并重的著作。既建构了关于铁路城镇综合体的理论体系，也设计了开发建设铁路城镇综合体的行动框架。体系完整，内容丰富。

本书的一些观点和论述颇值得深思。比如，铁路站点地区开发建设不能简单照搬城市轨道交通站点的做法；以金融创新作为纽带整合铁路建设和地区开发；以铁路特定开发区制度作为顶层设计对“37 号文”提出的开发机制进行深化完善；重构空间规划体系以应对高速交通体系发展对国土空间带来的深刻影响，等等。

本书主要作者长期工作在轨道交通综合开发一线，郑明远同志曾出版专著《轨道交通时代的城市开发》一书；王睦同志多次策划组织城市轨道交通综合开发国际研讨会和论坛，受到广泛关注。他们能够持之以恒地对这一领域的进展进行总结和理论探讨，使得本书既有理论深度，又能切合应用需要。这应该是本书的一个很重要的特点，所以我乐意为之写下上述感想。

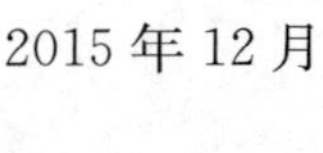

2015 年 12 月

序二

数年前，我参与郑明远的博士论文答辩；现在，郑明远嘱我为其新作写序。这种缘分，源自我们同居一城，更重要的是我们拥有一个共同的话题：如何协调轨道交通和城市发展之间的关系。

十多年前，我基于自己在广州市城市规划勘测设计研究院时所做的一个规划项目的总结，发表了《轨道交通与城市协调发展的探索》一文。文中我明确提出：轨道交通选线不能仅仅跟随客流，在城市化快速拓展时期还应该主动引导城市发展，绝不能将轨道交通作为需要财政补贴的改善城市交通的公益性设施，而应将其作为政府引导城市发展的工具和手段。轨道交通建设机构在协助政府优化城市结构、引导人口疏散、改善土地使用的同时，可以通过物业开发在沿线土地升值中获取最大利益，以减少城市公共财政的负担。轨道交通必须与城市发展互动、与物业开发联动，通过“公共交通导向开发”“联合开发”、设置“综合发展区”等手段，在支持城市发展的同时，减轻对财政的压力，实现资金良性循环。这些观点在学术界引起不小争议。

当时刚从广州市地下铁道总公司离职的郑明远专门找到我，对我表示支持；因为经历了广州地铁1号线沿线物业开发的全过程，他对于理念、体制机制在地铁1号线沿线物业开发中发挥何种作用颇有体验，所以甚为认同我的观点。自此我们惺惺相惜。没想到十多年后，当年我们的这些观点通过国务院办公厅颁发的《国务院办公厅关于支持铁路建设实施土地综合开发的意见》（国办发〔2014〕37号文）予以强调。看来时间是最好的老师。当中国经济发展和轨道交通建设达到今天这样一个水平的时候，很多学术争论都会在实践面前得到答案。只是我们共同的好朋友黎翔先生却没有等到这一天！我们共同关注却迟迟没有推动的轨道交通投融资体制改革在当前也应该瓜熟蒂落了吧！

这是一本探讨如何落实国办发〔2014〕37号文的研究报告，但是却写得风生水起。作者基于理论述评、案例评析和访谈总结，明确了研究的重点是“铁路城镇综合体开发建设的组织逻辑和行动框架”，进而基于大卫·哈维的空间生产理论建构了一个“技术—权力—资本”分析框架，探讨了铁路城镇综合体开发的战略使命，开发建设本身的复杂性以及开发实践中可能面临的各种政商关系，构架了包含战略引导、体制创新、利益整合、制度保障、绩效改善等做法在内的关于铁路城镇综合体开发建设的行动框架。这一套东西和我们城市规划界常用的城市发展政体理论多少有些呼应，即利益相关者形成城市开发联盟。在这里，作者显然是设想通过利益相关者结盟的方式推动国办发〔2014〕37号文的落实。

国办发〔2014〕37号文透露出来最重要的一个信息就是国家为支持铁路建设，让中国铁路总公司带国有建设用地指标去开发铁路城镇综合体。我想这是土地指标极端紧缺的地方政府梦寐以求的大好事。当然铁路运输企业也因此才有可能和地方政府形成开发联盟，在为地方培育税基、贡献税收的同时获得土地一级开发的红利；如果在开发环节能够与地方分享利益，则还有可能分享房地产开发的红利，以此来支持铁路建设事业。

如果还要和郑博士讨论一些问题，那么作为规划师的我首先关心的是铁路城镇综合体的选址，在哪些城市铁路城镇综合体成功的机会会大一些；其次，在不同等级的城市，铁路城镇综合体开发应该控制的用地规模多大是合理的，是新城、新区、组团还是建筑群；第三，铁路城镇综合体中哪些功能是铁路客流必须要的，哪些是为周边地区服务的，哪些可以带动城市发展。当然这些都不是这份报告能够完成的，需要大量的实证研究来获得。希望能够看到郑博士和他的团队持续的研究，给我们展现中国通过铁路城镇综合体发展推动新型城镇化的巨大成就。

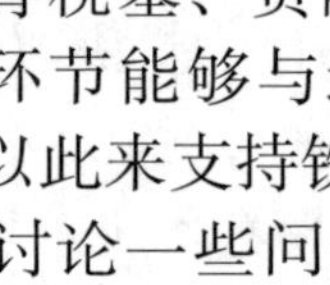

（中山大学教授、博士生导师）

2015年12月

目　录

1 导　论

1.1 研究对象

本书的研究对象是铁路城镇综合体，其定义、涵义和类型如下。

1. 定义

铁路城镇综合体是指以铁路车站为核心，通过便捷的交通联系，将车站与其周边一定范围的区域连成一个综合铁路运输职能和城市功能，体现了区域·城市·建筑一体化设计理念的的新型功能组织体系。

2. 涵义

相对于一般意义上的城市综合体①，铁路城镇综合体位于城市对外交通和城市内部交通的结合部，其所联系的功能具有更广泛的地域性，其所发挥影响的地域更为广泛，通常构成城市和区域的门户和增长极，拥有城市特件和区域协作特性。因此，铁路城镇综合体是城市分工体系的重要结合部，既是城市节点，又是区域门户。

(1) 作为城市节点的铁路城镇综合体：以铁路为核心，综合铁路和城市功能，成为连接其所在地区与城市（其他节点）

---

①城市综合体是在拥有更多城市特性和城市公共空间的同时，各组成功能之间有如城市各功能之间相互协调、共生互补关系的建筑综合体，是体现了城市·建筑一体化设计概念和方法的建筑综合体。城市综合体与建筑综合体的区别在于：建筑综合体是两种以上不同性质、用途的社会生活空间组成的，在一个统一的设计计划下设计完成的一个或一组整体性建筑，是城市土地三维综合开发理念的体现；而城市综合体内部各功能子系统通过城市公共空间的有机联系，不仅产生了简单的“叠加”的物理反应，还产生了“协同作用”和“多样性”的化学反应，为其整体的高效管理乃至城市整体的可持续发展提供了可能。

和区域的重要节点。

(2) 作为区域门户的铁路城镇综合体：在国土空间范畴内一种复杂网络系统［构建在功能节点和发展轴（人流、物流、资金流、信息流构成的流动体系）上的国土空间系统］的一个节点，发挥着引导区域增长的作用。

3. 类型

(1) 按开发类型，可以划分为：①新开发型铁路城镇综合体（结合新建铁路车站一并开发建设）；②再开发型铁路城镇综合体（结合既有铁路车站进行改造开发）。

(2) 按空间分布，可以划分为：①城市型铁路城镇综合体（位于城市中心区）；②新市镇型铁路城镇综合体（位于城市外围地区，还可划分为近郊型和远郊型）。

(3) 按主导功能，可以划分为：①商贸功能主导型铁路城镇综合体；②居住功能主导型铁路城镇综合体；③商务功能主导型铁路城镇综合体。

(4) 按车站性质，可以划分为：①物流主导型铁路城镇综合体（结合货运站进行开发）；②客流主导型铁路城镇综合体（结合客运站进行开发）。本研究侧重于“客流主导型”铁路城镇综合体。

(5) 按空间组织，可以划分为三种类型：①集约型铁路城镇综合体（车站本身融合了城市功能）；②网络型铁路城镇综合体（车站本身不融合城市功能，但通过网络型通道连接周边地区）；③复合型铁路城镇综合体（综合了前述两种类型的特点），如图 1-1 所示。

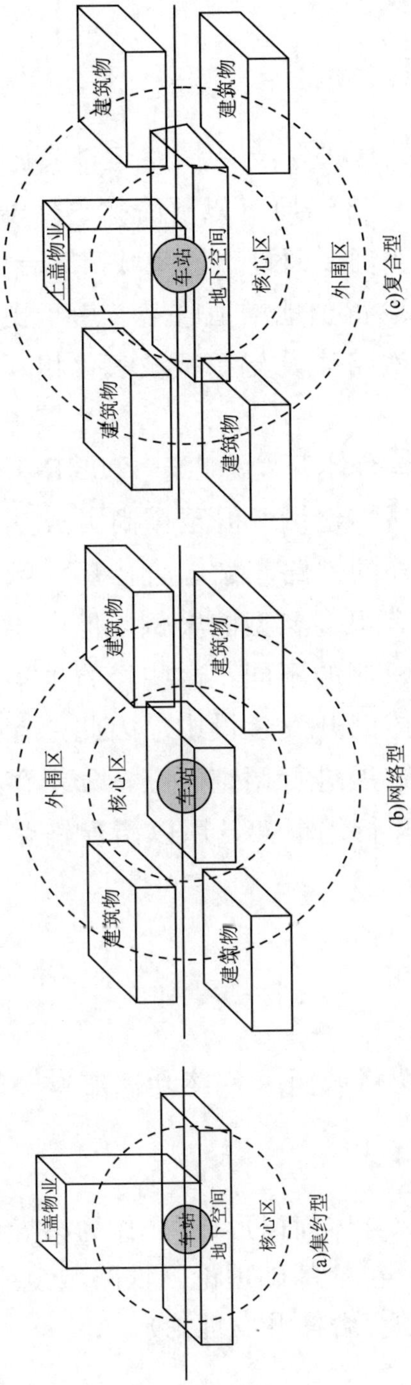

图 1-1　铁路城镇综合体的空间组织类型

1.2 研究背景

依据“国务院办公厅关于支持铁路建设实施土地综合开发的意见”（国办发〔2014〕37号）（以下简称“37号文”），中国铁路总公司已全面部署，明确要通过“铁路城镇综合体”的开发建设，使铁路投资主体依法取得土地增值收益，用于支持铁路建设和实现可持续发展，形成铁路建设与新型城镇化相互促进的良性循环机制。

国内的铁路城镇综合体开发源自于2008年开始的高铁大发展所催生的高铁新区（城）建设，但至今尚无成熟的项目经验和系统性的理论总结。国外的铁路车站综合体历经数十年的发展，在欧洲和亚洲其他国家有很多典型的案例，但由于社会体制、经济发展程度和开发建设机制的不同，这些经验也不能简单地照搬到我国的铁路城镇综合体的开发建设中。因此，有必要对中国铁路站点地区开发建设的进展进行调查研究，分析存在问题的特征及原因，建构理论体系和行动框架，用以指导铁路城镇综合体的开发建设实践。

1.3 研究内容

重点研究关于“铁路城镇综合体开发建设”的理论基础和实施机制问题。

1. 理论基础部分

阐明“铁路城镇综合体何以形成”，作为指导铁路城镇综合体开发建设的理论体系，包括基础理论（铁路城镇综合体生成理论）和应用理论（铁路城镇综合体开发理论）。

2. 实施机制部分

基于铁路城镇综合体开发理论的实用化，设计“铁路城镇综合体开发建设”的行动框架，提出相应的政策建议。

1.4 研究视角

基于前述侧重研究“铁路城镇综合体开发建设”的考虑，本研究将铁路城镇综合体视为一种“过程性存在”进行考察——铁路城镇综合体的“生成”是一种生命有机发展的过程，即以“过程哲学”[①]作为考察“铁路城镇综合体是什么”的哲学信仰。

具体来讲，本研究从动态（演化）的视角理解“铁路城镇综合体是什么”：哪些要素，基于什么动机，以何种机制促生了铁路城镇综合体?[②]

1.5 研究框架

研究框架如图 1-2 所示。

①过程哲学由英国著名哲学家怀特海于 20 世纪中叶在美国创立，亦称为“机体哲学”，集中体现在其代表作《过程与实在》等著作中。其核心要义是：现实世界是创造性的过程，这种过程形成了“实际存在物”，因而整个世界就表现为一种活动的过程——即“过程是最根本的”。

②从动态的角度考察研究对象，有助于从铁路城镇综合体孕育、成长到成熟的全过程理解铁路城镇综合体何以演化。这样可以更有针对性地围绕铁路城镇综合体发展过程中各个环节建立推进铁路城镇综合体开发建设的体制机制和相应的政策建议，以及应用于其中的解决问题的工具。对应于静态和动态两种研究视角的研究内容对比见下图。

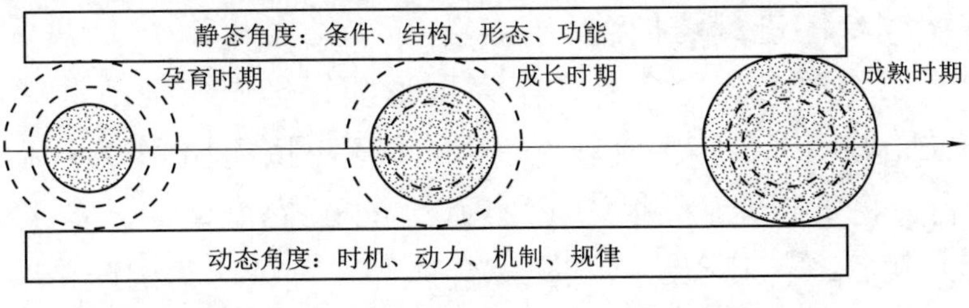

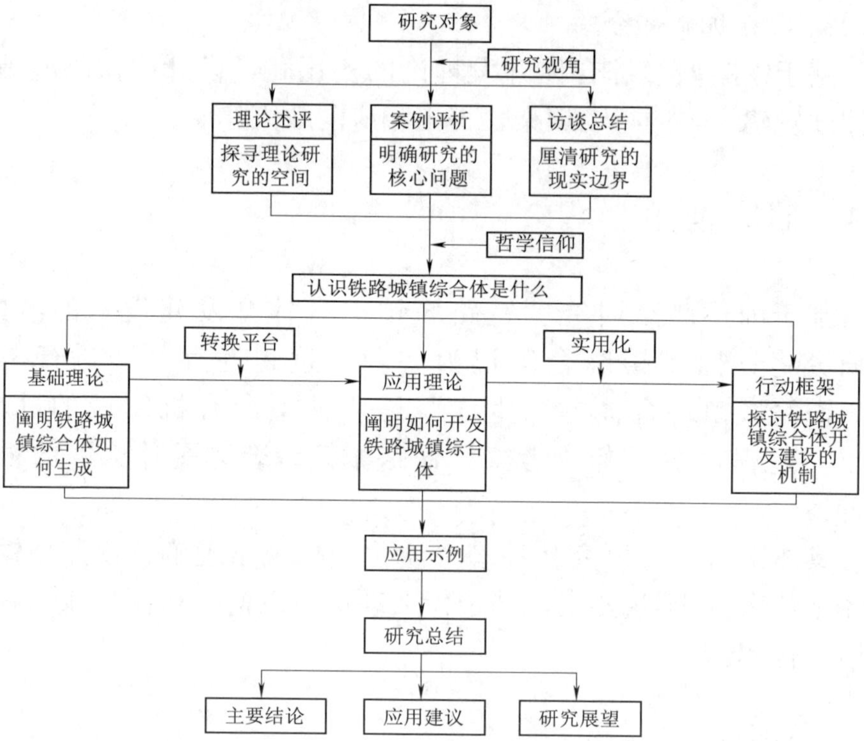

图 1-2　研究框架

各章内容如下。

（1）第 1 章：界定研究对象和明确研究视角。

（2）第 2 章：通过理论述评探寻本研究的理论探索空间；通过案例评析明确本研究需要重点解决的问题；通过访谈总结厘清本研究的现实边界。

（3）第 3 章：基于“过程哲学”的深入解读，剖析铁路城镇综合体的实质、战略使命、组织逻辑和重要特性，从演化的视角对铁路城镇综合体进行建构。

（4）第 4 章：以 SSP 范式作为理论演绎范式，规范演绎基础理论——铁路城镇综合体生成理论；以行动者网络理论作为基础理论的转换平台，将基础理论转换为应用理论——铁路城镇综合体开发理论。

（5）第 5 章：基于铁路城镇综合体开发理论，建构铁路城镇综合体开发建设的行动框架，提出进一步完善和落实“37号文”的建议。

（6）第6章：基于行动框架，对珠三角城际轨道交通TOD项目的开发实践进行反思。

（7）第7章：研究总结。

1.6 研究方法

采用“行动研究”（Action Research，AR）的方法开展研究，即以解决实际问题为目的，将研究置于实际工作（行动）中进行，由实际工作者和研究者共同完成，研究成果为实际工作者理解、掌握和实施：①结合铁路城镇综合体的规划设计实践和相关专题研究，将本研究的理论建构置于铁路城镇综合体规划设计的实践中；②参与相关机构（地方政府、铁路运输企业、城市轨道交通企业、咨询机构）关于“37号文”的解读和应用研讨，将本研究的理论建构置于关于“37号文”的应用实践中。

在通过文献研究和案例分析梳理现有研究成果和不足的基础上，确定本课题研究的切入点和方向，通过规范分析建立本研究的分析框架和演绎逻辑。

附录：“37号文”

国务院办公厅关于支持铁路建设实施土地综合开发的意见

国办发〔2014〕37号

各省、自治区、直辖市人民政府，国务院各部委、各直属机构：

为落实《国务院关于改革铁路投融资体制加快推进铁路建设

的意见》(国发〔2013〕33号)，实施铁路用地及站场毗邻区域土地综合开发利用政策，支持铁路建设，经国务院同意，现提出以下意见：

一、土地综合开发的基本原则

（一）支持铁路建设与新型城镇化相结合。按照新型城镇化要求，在保障铁路运输功能和运营安全的前提下，坚持“多式衔接、立体开发、功能融合、节约集约”的原则，对铁路站场及毗邻地区特定范围内的土地实施综合开发利用。通过市场方式供应土地，一体设计、统一联建方式开发利用土地，促进铁路站场及相关设施用地布局协调、交通设施无缝衔接、地上地下空间充分利用、铁路运输功能和城市综合服务功能大幅提高，形成铁路建设和城镇及相关产业发展的良性互动机制，促进铁路和城镇化可持续发展。

（二）政府引导与市场自主开发相结合。相关部门和地方政府要遵循铁路建设发展规律，坚持依法行政，完善土地综合开发相关管理制度，建立公平公开、有序竞争的市场环境。地方政府要在符合土地利用总体规划和城乡规划的前提下，统筹铁路站场及毗邻地区相关规划，合理确定土地综合开发的边界和规模，通过综合开发用地供应与铁路建设联动等措施，引导市场主体实施铁路用地及站场毗邻区域土地综合开发，有力有序推进铁路建设。

（三）盘活存量铁路用地与综合开发新老站场用地相结合。支持铁路运输企业以自主开发、转让、租赁等多种方式盘活利用现有建设用地，鼓励铁路运输企业对既有铁路站场及毗邻地区实施土地综合开发，促进铁路建设投资等主体对新建铁路站场及毗邻地区实施土地综合开发，提高铁路建设项目的资金筹集能力和收益水平。

二、支持盘活现有铁路用地推动土地综合开发

（四）科学编制既有铁路站场及周边地区改建规划。地方政府

应主动与铁路运输企业协商，统筹编制既有铁路站场及毗邻地区相关规划，加强功能调整和空间优化，完善交通组织、用地布局和设施条件，增强铁路站场和周边地区的承载能力和服务功能，指导站场改建及周边地区土地综合开发，促进地上地下统一规划、统筹开发建设，实现对外交通与城市道路、公共交通一体化。

（五）给予既有铁路站场综合开发用地政策支持。支持铁路运输企业利用自有土地、平等协商收购相邻土地、依法取得政府供应土地或与其他市场主体合作，对既有铁路站场地区进行综合开发。市、县国土资源部门要依法为铁路运输企业利用自有土地进行土地产权整合和宗地合并、分拆等提供服务。政府供应既有铁路站场综合开发范围内的用地，应将综合开发的规划要求和铁路建设要求一并纳入土地供应的前提条件。

（六）促进铁路运输企业盘活各类现有土地资源。铁路运输企业依法取得的划拨用地，因转让或改变用途不再符合《划拨用地目录》的，可依法采取协议方式办理用地手续。经国家授权经营的土地，铁路运输企业在使用年限内可依法作价出资（入股）、租赁或在集团公司直属企业、控股公司、参股企业之间转让。

（七）鼓励提高铁路用地节约集约利用水平。利用铁路用地进行地上、地下空间开发的，在符合规划的前提下，可兼容一定比例其他功能，并可分层设立建设用地使用权。分层设立的建设用地使用权，符合《划拨用地目录》的，可按划拨方式办理用地手续；不符合《划拨用地目录》的，可按协议方式办理有偿用地手续。

三、鼓励新建铁路站场实施土地综合开发

（八）支持新建铁路站场与土地综合开发项目统一联建。新建铁路建设项目的投资主管部门、机构应与沿线地方政府按照一体规划、联动供应、立体开发、统筹建设的原则，协商确定铁路站场建设需配套安排的土地综合开发事项，明确土地综合开发项目

与对应铁路站场、线路工程统一联建等相关事宜。

（九）合理确定土地综合开发的边界和规模。地方政府应按照新建铁路站场地区土地综合开发的基本要求，综合考虑建设用地供给能力、市场容纳能力、铁路建设投融资规模等因素，依据土地利用总体规划和城市、镇规划，合理划定综合开发用地边界。扣除站场用地后，同一铁路建设项目的综合开发用地总量按单个站场平均规模不超过50 公顷控制，少数站场综合开发用地规模不超过 100 公顷。

（十）明确站场建设和土地综合开发的规划要求。地方政府在编制土地利用总体规划和城市总体规划时，要根据新建铁路线路和站场的选址，做好用地控制和预留。城乡规划部门要加强对站场建设与土地综合开发的规划管理，在编制铁路站场及周边地区的控制性详细规划时，应同步组织开展修建性详细规划编制或城市设计工作，深化建筑空间组织、道路交通规划、开发强度、建设时序等要求，大力推进铁路与城市轨道交通、公共交通、出租车等各类交通方式的无缝衔接，促进综合交通枢纽建设，方便乘客出行和换乘。在综合开发用地供应前，城乡规划部门应依据控制性详细规划提出规划设计条件。未确定规划条件的地块，不得供应。

（十一）采用市场化方式供应综合开发用地。新建铁路站场地区综合开发用地采用市场化方式供应，供地公告时间不得少于 60 个工作日。新建铁路项目未确定投资主体的，可在项目招标时，将土地综合开发权一并招标，新建铁路项目中标人同时取得土地综合开发权，相应用地可按开发分期约定一次或分期提供，供地价格按出让时的市场价确定。新建铁路项目已确定投资主体但未确定土地综合开发权的，综合开发用地采用招标拍卖挂牌方式供应，并将统一联建的铁路站场、线路工程及相关规划条件、铁路建设要求作为取得土地的前提条件。土地由铁路建设投资主体取得的，铁路建设和土地综合开发应统筹推进；土地由其他市场主体取得的，其他市场主体应与铁路建设投资主体协商安排铁路建设与土地综合开发相关事宜，确保铁路等各项建设按规划有序进行。

四、完善土地综合开发配套政策

（十二）统筹土地综合开发相关规划管理。地方政府应在编制土地利用总体规划和城市规划时，统筹考虑铁路用地及站场毗邻区域土地综合开发利用需求，并据此及时组织编制土地综合开发相关规划。如确需调整既有法定规划的，应按程序报批。严格建设工程设计总平面图审查。相关部门要完善土地综合开发规划管理方式，促进土地综合开发规范有序进行。

（十三）完善综合开发用地供应模式。土地综合开发可分期供应，分期供应的土地可成片提供，成片供应的土地应根据城市规划和实际情况进行分宗，按宗地用途和有关规定，核发划拨决定书或签订有偿使用合同。

（十四）落实综合开发用地指标支持政策。铁路建设项目配套安排的土地综合开发所需新增建设用地指标，经省级人民政府严格审核后，暂由国土资源部予以计划单列。

（十五）完善相关工程建设标准规范。有关部门要根据铁路与其他交通运输方式接驳、综合交通枢纽建设、站场设施功能混合、地上地下立体开发等需要，梳理、完善有关标准规范，加强各类标准的衔接协调。

五、加强土地综合开发的监管和协调

（十六）实行备案管理制度。供应与新建铁路站场统一联建的综合开发用地前，市、县国土资源部门应将土地综合开发的位置、规模、用地需求、规划条件及拟安排的供应分期等向国土资源部备案，并抄送住房城乡建设部。

（十七）严格土地开发利用管理。相关市、县国土资源部门应与取得综合开发用地使用权的主体签订土地综合开发利用协议，明确约定铁路站场、线路工程应先于土地综合开发项目建设。取得综合开发用地的主体未按约定优先建设铁路站场、线路工程的，不得为其办理土地、房产手续。

（十八）切实加强建设管理。对铁路站场、线路工程建设及土地综合开发涉及的各类建设项目，相关政府部门应加强项目资本金、土地使用标准及建设标准、质量和施工安全等方面的监督管理工作。取得综合开发用地使用权的主体应严格遵守房地产开发项目建设管理等相关规定。

实施铁路用地及站场毗邻区域土地综合开发利用，是加快铁路投融资体制改革和铁路建设的重要举措，是促进新型城镇化发展和节约集约用地的有力抓手，各地区、各有关部门要高度重视，认真落实本意见精神，在严格管理的前提下，积极稳妥予以推进。

国务院办公厅

2014 年 7 月 29 日

2 理论述评、案例评析与访谈总结

本章主要内容：通过理论述评探寻理论探索的空间；通过案例评析明确研究的核心内容；通过访谈总结厘清研究的现实边界。

2.1 理论述评

目前，通常根据触媒理论和城市政体理论考察和分析铁路车站地区开发机制；依据流动空间理论考察和分析铁路对地方发展的作用机制；依据虹吸效应理论考察和分析铁路车站地区的空间效应；依据 TOD 理论考察和分析铁路车站地区的空间组织（体现出车站地区发展的目标）。

1. 触媒理论①

作为一种特定的城市触媒，铁路车站并不直接参与“反应过程”，只有在地方经济社会条件具备基础条件时，它的催化作用才真正体现。这是因为，铁路最根本的作用在于通过降低出行的时

①触媒（catalyst）是化学中的一个概念，主要是指一种与反应物相关、通常以小剂量使用的物质。20 世纪 90 年代，美国建筑师 Wayne Attone 和 Donn Logan 在《美国都市建筑：都市设计的触媒》中首次提出“城市触媒”的概念。所谓城市触媒，是指城市化学连锁反应中激发与维系城市发生化学反应的“触媒体”（可能是一间旅馆，或一座购物中心，或一个交通中心；也可能是博物馆、戏院或设计过的开放空间）；其催化作用主要体现在四个方面：激发、强化、修复、创造。我国学者金广君指出“城市触媒是能够促使城市发生变化，并能加快或改变城市发展建设速度的新元素”，即通过某一特定触媒元素的引入，引发某种“链式反应”，以促进城市建设客观条件的成熟，从而推动城市按照人们的意志持续地、渐进地发展。在具体应用中，“触媒效应”主要体现在三个方面：①优化产业结构，强化城市增长极地位；②提升城市门户形象，推动城市文化交融等；③完善城市基础设施，加快旧城区更新改造以及推动城市中心多元化发展。

间成本来扩大资源流向的选择范围，而资源是否流向某个站点所在的城市，则由该城市的社会经济基础及发展潜力所决定[①]。另一方面，由于铁路车站自身规模等级和区位条件不同，致使车站地区对城市所产生的触媒效应也存在差别，包括触媒效应的大小、方向和持续性都有不同的表现。

在铁路周边地区的具体开发实践中，通常的做法是：通过大力推进交通、市政、环境等基础设施建设，完善公共服务平台等设施，导入原有地区缺少的功能，迅速积聚生产要素，使车站地区与因出行时间成本降低而有可能被吸纳来的资源通过共振产生连锁反应，形成关联互动的统一体（更大规模的城市触媒），最后与整个城市乃至区域发生“触媒反应”。

有文献[②]认为，可以依据触媒理论，通过引入并组合影响高铁站区开发成效的主要因素（如城市发展水平因素、城市空间因素、车站自身因素、车站可达性因素、站区现状因素及其他因素），选择站区开发的主导功能（图 2-1）。

总体而言，触媒理论能够解释应该引入何种因素以影响站点地区开发，但未能很好地解释铁路站点地区开发的影响因素“何以被引入”、“何以被合适地引入”，以及应该“在何种时间、何种空间范畴被引入”等问题。

2. 城市政体理论[③]

现阶段中国高铁大规模建设，与快速城市化同步推进，推动

---

①有研究显示，高铁的邻近区最可能吸引高端的经济活动，但能否实现这个潜能取决于城市如何把握这个机会和如何改善车站地区的区位要素；只有在城市规划师的领导下清晰明确地利用高铁投资的机会，高铁投资对空间发展的积极效果才会显现［见：彼得·玻尔著，周静译．高速铁路车站周边地区城市开发管理：四个欧洲城市的经验研究［J］．国际城市规则，26（3）：27-34］。

②林辰辉．我国高铁枢纽站区开发的影响因素研究．国际城市规划，2011，26（6）：72-77。

③城市政体理论产生于 20 世纪 80 年代，并逐渐成为美国 90 年代城市政治研究的主要领域之一。主要观点是：影响城市发展的资源性要素分别由政府、市场和社会三大主体掌握。三大参与主体任何单一的力量都不可能推动城市的健康发展，他们通过合作的方式表达利益诉求，共同促进城市的增进。该理论将城市政府—市场—社会所构成的联盟状态称为“政体”（Regime）。在该理论框架下，城市空间发展不仅是计划调控或市场调节的过程，更是一个权力运作的过程。

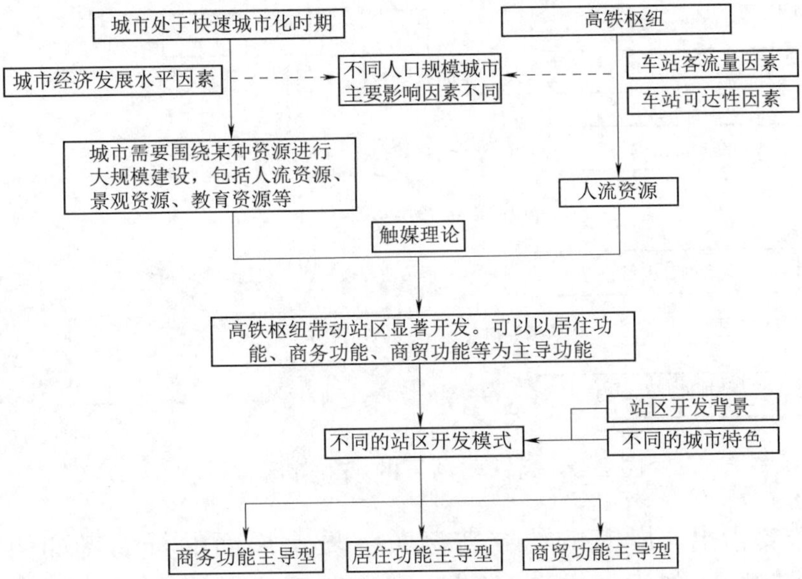

图 2-1 高铁站区主导功能的选择框架

了以高铁新区（城）为主体的城市郊区化过程。在这一过程中，政府通过制定相关规划和政策，引导市场的力量进行新区（城）建设资金的筹措和资源的投入，并通过公共权力的使用争取获得社会的积极支持，从而形成以政府为主导、资本和权力结盟的增长联盟，直接作用于城市空间的扩张过程。因此，政府、市场和社会三方主体博弈的过程和结果，将决定高铁驱动下城市郊区化的空间效应到底是积极的还是消极的。目前，以高铁新区（城）为载体表现出来的城市郊区化过程，本质上还是属于“强政府＋弱市场”主导下的郊区化，政府和市场结成的联盟并不稳固，尤其是在公众参与度普遍不高的情况下，当高铁新区（城）规划有违城市郊区化的发展规律时，高铁新区（城）很有可能成为未来城市空间发展中的巨大包袱甚至障碍。① 图 2-2所示为高铁驱动下的城市郊区化过程。

---

①于涛，等．高铁驱动中国城市郊区化的特征及机制研究——以京沪高铁为例．地理科学，2012，32（9）：1041-1046。

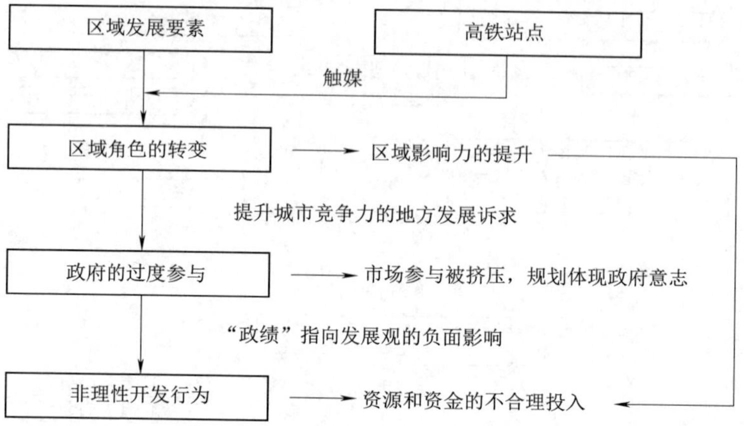

图 2-2 高铁驱动下的城市郊区化过程

需要指出，既有的研究普遍关注城市层面的行动者如何互动和结成联盟，忽视了铁路站区开发实际受到了来自城市、区域乃至国家多层次行动者互动及政策设计的影响。

3. 流动空间理论①

按照流动空间理论的观点，高铁站点地区开发（作为地方空间）与流动空间密不可分。基于高铁已经网络化发展的现实格局，高铁已不仅仅是一个运输通道，而是一种全球化格局下国土空间

①Manuel Castells（曼纽尔·卡斯特）认为：“空间”的产生涉及这一过程和过程的结果，即流动空间（space of flows）和地方空间（Space of places）。其中，“流动空间”是一种支配性的空间逻辑：社会越来越多地围绕着“流”（资本、信息、技术、组织互动、形象、声音和符号的流动）进行建造；“地方空间”是一个其形式、功能和意义都自我包容于物理邻近界线内的地域，是居民生活被打上地方标记的地域。“流动空间”的逻辑主导着“地方空间”的意义和变化。“流动空间”有三个基本向度：ⓐ信息系统、电子通讯与运输线路等设施。这些设施的能力与特征，及其组成要素的区位，决定了流动空间功能及其与其他空间形式和过程的关系。ⓑ节点（Nodes）和枢纽（Hubs）。特定地方的链接和关键性活动是由节点和枢纽构成的（例如，华尔街、硅谷就是金融和科技的节点；枢纽则是指组织各种交换的基地，如机场、海港、车站等）。每个节点和枢纽，在网络的不同位置，处理着来自各地纷繁复杂的互动关系。节点和枢纽根据它们在网络中的位置而形成有层级的组织结构，但这种层级会随着网络活动的演变（分配给不同的节点不同的角色定位和权力）而改变，比如，某些地方由于被切离网络而导致衰落（经常可以看到，高铁线路通车后，哪些未能设置车站的地方会由于进一步边缘化而逐步趋向衰落）。ⓒ占有支配地位的精英（如技术官僚、管理精英等）的空间组织。“流动空间”是由社会行动者所发动、构想、决定和执行的，即精英的利益、实践和组织能力影响着“流动空间”的构造和内容。

系统的新的建构力量，对于地方的发展起着前所未有的深刻影响，因此地方的发展必须重视高铁的影响和发挥作用的新方式，主动适应这种变化和借助这种影响重构地方的发展模式和空间发展格局。

有文献①从人流、资本流、技术流和信息流共同作用的视角分别提出了高铁对“地方”的第一产业、第二产业和第三产业发展的影响模型，如图 2-3 所示。

流动空间理论的启示：流动空间的“流”对“地方”具有解构和重构的作用，“地方”只有将“流”吸纳，使之嵌入“地方”，“流”对于“地方”的价值才能充分发挥出来。目前，对于如何促使“流”和“地方”相互嵌入的机制，尚缺乏系统的探讨。

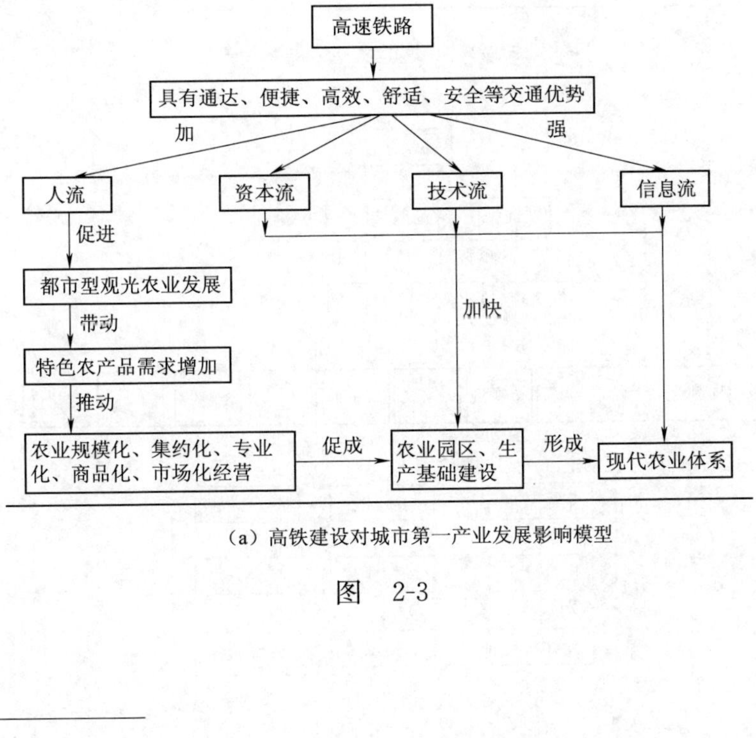

(a) 高铁建设对城市第一产业发展影响模型

图 2-3

①毛蒋兴，韦娜．高速铁路背景下促进南宁城市发展与产业转型升级研究．北京：经济科学出版社，2014。

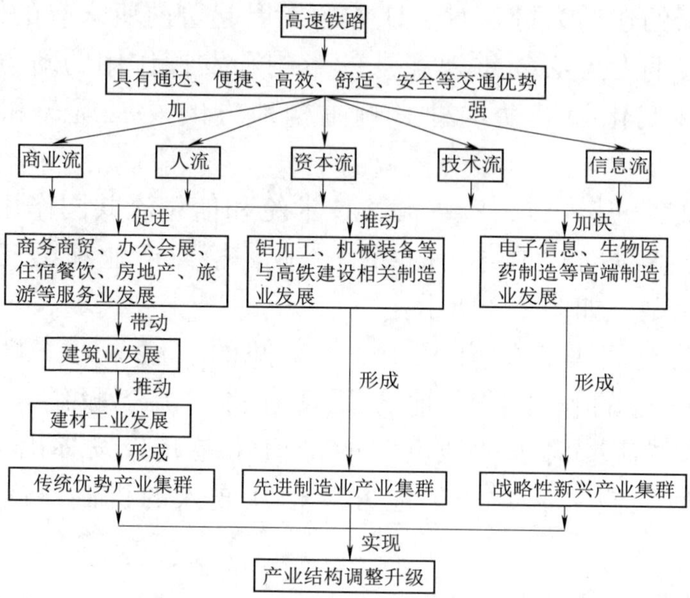

（b）高铁建设对城市第二产业发展影响模型

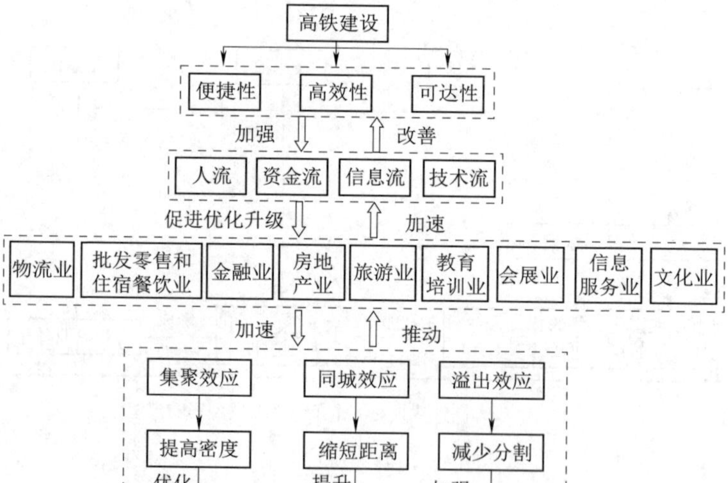

（c）高铁建设对城市第三产业发展影响模型

图 2-3 高铁建设对城市产业发展影响模型

4. 虹吸效应理论[①]

普遍的看法是：高铁加速了城市间、区域间生产要素的流动，也意味着资金、人才、信息会向发展环境更优越、行政效能更高的地区聚集，而中小城市、次发达地区将面临人才、企业流失的窘境。因此：①高铁对于已经具有很强竞争力的城市是有利的，对于那些相对较差的中小城市，高铁只是给了一个改善地位的条件，互补与被极化同时存在；②进行站点地区开发定位研究应采用联系的视角，即通过“互补性”（不同站区之间的功能结构互补，可以产生城市之间的紧密联系和相互作用，促进城际之间的同城效应）部署城市间的产业关联。

有文献认为，①若高铁连接的两个城市的产业存在横向联系，那么在同等级城市之间，高铁可以产生人流、信息流和技术之间的交汇，两个城市之间生成一种产业的集聚；②不同等级城市之间，较低等级城市的从业人员会流向高等级城市，较低等级城市的产业会由于较高等级城市的产业扩张而遭受淘汰；③若高铁连接的两个城市的产业存在纵向联系，那么无论在何种等级城市之间，都会找到互补的产业，因为其中一个城市的产业发展会相应地为其上游或下游产业带来发展的机会；④中小城市地区的铁路站区，在选择产业时应与区域中心城市错位发展，体现自身特色（总体来看，不适宜发展聚集度较高的商务办公、研发与高等教育、总部经济等高端产业，适宜承接和发展大城市的“外溢产业”，如商业贸易、休闲娱乐、信息物流、会议展览和特色居住等）。

当前，作为一种复杂的多层次技术体系的互联网（虚拟交通），已经成为重要的竞争性区位要素（使得区位优势不仅仅局限于传统的资源及邻近性优势，更重视的是网络结构、流动性和地区势能），对全世界城市与区域的发展，发挥着越来越深刻的影

①虹吸效应理论认为：区域内的某一地区，由于特定的源于区位优势条件产生的强大吸引力，会将其他地区的投资、消费或资源吸引过来，从而减缓被吸引地区的发展，加速要素引入地区的发展；对“抽夺”地区是一种正效应，而对其他被“抽夺”地区则是一种负效应。

响，在强化城市与区域“中心化”的同时，也推动了“去中心化”。因此，具体运用虹吸效应理论分析铁路站区的空间效应时，需要注意将互联网的影响纳入分析框架中。

5. TOD 理论①

TOD 理论对于铁路车站地区开发的指导意义体现在如下三个方面：①强调车站地区核心区域要重视聚合各种交通方式，实现“零换乘”；②各种城市功能和交通功能应追求混合；③按照“核心—扩展”的层级划分布局土地使用功能和开发强度，实现紧凑使用土地。

有文献②结合高铁站点地区开发案例的研究，提出“三个发展区”模型：①第一圈层（或称核心枢纽区），是商务活动、建筑密度最高的地区，约在距车站步行 10 min（800 m 范围）内，规模 1～1.5 km^2，这个圈层包括交通核（含铁路站场、枢纽主体、广场、车站附属用房、公交站场、城市轨道交通站场等综合交通设施）在内的服务区域，需要结合地下空间开发（开发地下综合交通功能和地下商业服务功能、地下市政功能）进行高密度开发；②第二圈层（或称枢纽外围区、步行合理区），主要为商务办公及配套功能，约在距车站步行 15 min（1 200 m范围）内，规模 3～5 km^2，需进行中高密度开发，各种功能从主要服务旅客转向兼顾城市居民；③第三圈层（或称扩散影响区、汽车外围区），为城市各种相应职能区，旅客数量进一步减少，逐步融入城市，旅客特

①TOD（transit-oriented developemt）这一概念由新城市主义倡导者之一彼得·卡尔索普（Peter Calthorpe）于 1993 年提出，其涵义是：ⓐ以公交站点为核心，将居住、零售业、办公、公共空间等组织在一个范围约在 500～800 m 的步行环境中（TOD 社区）；ⓑ多个 TOD 社区通过快速公共交通组织起来，组织在一个合理的区域发展框架系统内，各个 TOD 社区之间有大量的绿化开敞空间，设置城市增长边界，防止无节制的蔓延。1997 年，Cervero R 等提出了关于 TOD 的 3D 原则—密度（density）、多样性（diversity）、合理的设计（design），即通过较高的开发强度保证公共交通所需的密度，满足基于传统价值观的步行导向空间和土地混合使用，满足人的多样化选择。

②Schutz（1998）等人结合高铁站点地区开发案例的研究，提出“三个发展区”模型［转引自：郑德高、杜宝东．寻求交通节点价值与城市功能价值的平衡——探讨国内外高铁车站与机场等枢纽地区发展的理论与实践．国际城市规划，2007，22（1）：72-76］。

有的各种活动特征与需求逐步过渡到居民活动，其开发密度依赖于定位的特殊性（图 2-4）。

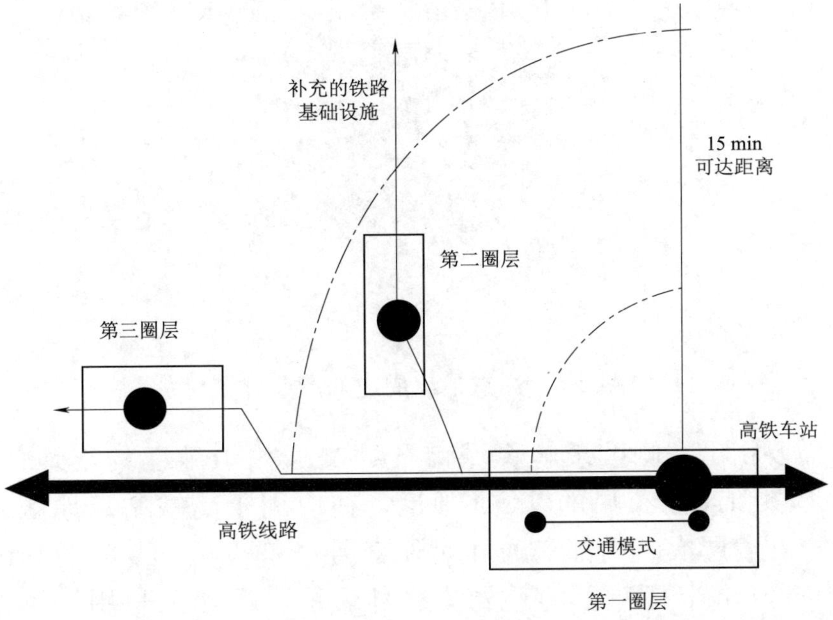

图 2-4　高铁车站“三个发展区”模型

作为城市对外交通的起止点，高铁车站如需要扩大自身的影响半径，就必须依靠城市公共交通网络的覆盖程度和效率，即高铁站区应集合多种交通方式：①位于城区边缘，通常采取放射型路网结构（以客站为中心，逐渐向外发展，再加环路形成）解决客流问题；②位于城市中心，以立体化交通组织多种交通方式换乘的问题。

在具体的规划设计实践中，通常依据枢纽等级确定产业类型：①综合性枢纽，以居住、商业、办公、零售、旅馆等高效益、高强度开发产业为主；②区域性枢纽，突出专业化分工特色，或商业功能主导，或商务功能主导，或交通功能主导，视职能分工而定；③一般站点，以居住、餐饮、低端商贸服务为主。图 2-5 为枢纽周边的产业“三圈层”分布示意图。

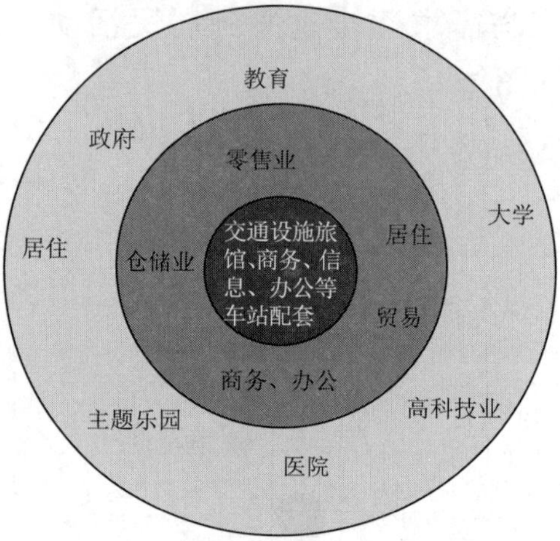

图 2-5 高铁枢纽周边的产业分布

需要指出，侧重于解释城市公共交通站点地区的土地使用、空间形态和产业布局的 TOD 理论，在应用于高铁站点地区开发时，存在着层次（内部交通和对外交通）和尺度（500～800 m 半径，1 500 m 半径）上的差异。这种做法，实际上是用一个低层次、小尺度、侧重于整合城市内部要素的空间组织规律来建构一个高层次、大尺度、需要在区域范围内整合各种要素的空间组织体系，仿佛削足适履。因此，对于铁路站点地区的开发，不能简单地照搬城市地铁的做法。

总体上看，以上这些理论都侧重于从某一方面，以“还原论”的思维方式（忽视影响站点地区开发的众多因素因相互作用而导致站点地区开发所呈现出的整体复杂性）进行理论分析，在解释站点地区的开发机制和结局时，容易忽视站点地区因复杂性而导致的非线性（即开发结局具有多种可能性）。另一方面，这些理论都未能很好地将如下本土化因素和全球化影响纳入分析框架：①土地制度（土地国有制使得政府可以集中、合理高效地处理城市开发建设问题；土地的使用价值直接与政府根据城市规划确定的土地使用性质、开发强度等相关，而不是完全体现级差地租原则）；②治理体制［政府有相对大得多的权力集中，在介入城市开发建设时，可以在其中追求自身的利益，既当运动员又当裁判员；城市建设涉及多个部门、多种专业，各自都存在其利益诉求，但缺乏统筹；城市设计的价值取向只把美学观、政治观作为最重要因素（大搞形象工程）]；③城市化进入新的发展阶段时期（城市化率超过 50%），其要求、内容、方式与途径都与此前有所不同；④全球化进入金融资本主义时期，资本对“地方”的解构能力和重塑能力大大提升，从而对城市的形态、功能组织、资源配置及人的生活方式等方面产生深刻影响。

显然，上述理论侧重从静态的角度研究铁路站区的结构、形态和功能及其存在的区位条件，缺乏从动态的角度研究其“何以生成”，“何以生成得更好”等问题。具体来讲，这些理论对于铁路站点地区发展涉及到的城市之间的互补性、城市化阶段不同、产业转移、地区文化差异等多样化的外部因素对铁路站点地区功能结构、土地价值增值机制的影响，以及铁路站区开发涉及的多层次（国家、省市地方政府）、多维度（不仅有交通建设和空间组织，还有产业转移等）复杂利益冲突的处理，尚未能结出令人信服的解释。这些，都为本研究提供了理论探索的空间。

2.2 案例评析

下面通过三组案例项目的对比分析，探析铁路站区开发实践中存在的问题，明确研究的核心内容。

1. 台湾高铁特定区/武广高铁新城

(1) 台湾高铁特定区

台湾高铁长 345 km，设站（规划）12 座，重点在 5 个站进行综合开发（命名为高铁特定区开发）。特定开发区总用地1 507 hm^2，平均每个约 300 hm^2，其中产业用地约占 48%，商业用地约占 17%，居住用地约占 25%，其他用地 10%（图 2-6，表 2-1）。

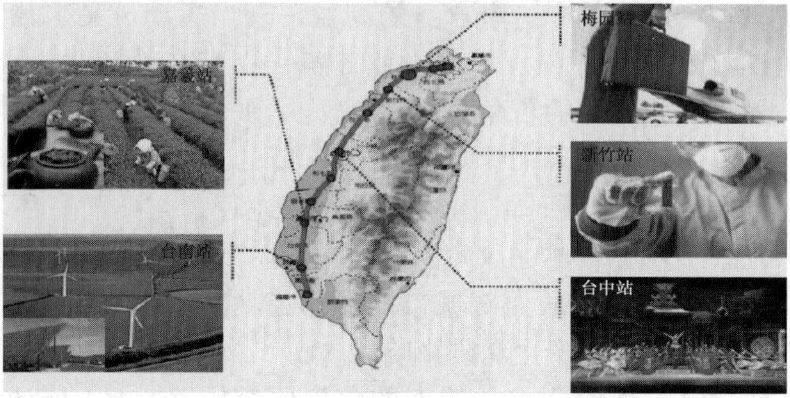

图 2-6　台湾高铁特定区分布

表 2-1　台湾高铁特定区剩余可建用地面积统计表

资料截止日期：2009.6.30

站别	特定区面积（hm^2）	剩余可建地（hm^2）					合计
		用地性质 / 用地规模	产业专用区	商业区	住宅区	其他	
桃园	490.00	配地后剩余	22.00	9.23	15.37	19.14	65.73
		目前余额	22.00	9.23	12.31	5.42	48.96
		已处分面积	0.00	0.00	3.05	13.72	16.77
新竹	309.22	配地后剩余	38.12	6.50	11.47	11.25	67.35
		目前余额	0.00	5.76	0.87	2.87	9.50
		已处分面积	38.12	0.75	10.60	8.38	57.85
台中	273.35	配地后剩余	15.68	14.99	17.92	16.75	65.34
		目前余额	15.68	14.99	11.23	2.01	43.91
		已处分面积	0.00	0.00	6.69	14.74	21.43
嘉义	135.24	配地后剩余	9.87	0.00	1.40	7.06	18.33
		目前余额	9.87	0.00	1.40	0.67	11.94
		已处分面积	0.00	0.00	0.00	6.39	6.39
台南	299.72	配地后剩余	47.18	2.57	25.60	12.82	88.16
		目前余额	47.13	2.57	23.25	7.14	80.09
		已处分面积	0.04	0.00	2.35	5.68	8.07

续上表

站别	特定区面积（hm^2）	剩余可建地（hm^2）					合计
		用地规模＼用地性质	产业专用区	商业区	住宅区	其他	
合计	1 507.53	配地后剩余	132.84	33.29	71.75	67.02	304.90
		目前余额	94.68	32.55	49.06	18.11	194.69
		已处分面积	38.16	0.75	22.69	48.91	110.51

各个特定区的发展定位各有特色，相互之间具有很强的互补性（表 2-2），完整地体现了所赋予高铁特定区的战略使命：重整空间结构（以高铁特定区为核心，构建台湾西部区域经济体）；重新建构城市定位，发展地方特色，促进产业分工及互补①；均衡城乡发展，培育新兴产业。

表 2-2 台湾高铁特定区发展定位

特定区发展定位		核心地区开发权责单位及面积（hm^2）		
		高铁局	高铁公司	其他单位
桃园站	国际商务城	23.37	10.72	桃园县政府
新竹站	生医科技城	1.73	5.03	国科会生医园区 38.11 hm^2
台中站	娱乐购物城	14.46	17.46	中部行政中心计划 3.67 hm^2
嘉义站	休闲游乐城	9.86	5.44	台糖公司 5.24 hm^2
台南站	学研生态城	39.40	7.86	国科会及县市政府
合计		88.82	46.51	

（2）武广高铁新城

武广高铁长 1 068.8 km，设站 15 座（图 2-7），跨越鄂（设武汉站、咸宁北站、赤壁北站）、湘（设岳阳东站、汨罗东站、长沙南站、株洲西站、衡山西站、衡阳东站、耒阳西站、郴州西站）、

①桃园站充分发挥了中正机场和高铁相结合的独特优势，搭配中历、桃园双子城定位为多功能运输中心，以此为产业选择的准则；新竹站则结合当地产学研资源，充分发挥“亚洲硅谷”的优势，定位为传播通讯高科技商务园区；台中站结合都会区的区位优势，规划为综合性转运、商务咨询与娱乐中心；嘉义站则通过充分利用阿里山生态环境，强化养生观光旅游产业；台南站配合航天等产业，打造为南台湾科技重镇的门户，并透过古迹保存，发展成为多元休闲娱乐中心。

粤（设韶关站、清远站、广州北站、广州南站）三省。沿线地区都对站点地区开发赋以厚望，策划了系列的“武广高铁新城”（这一提法源自湖南省对其省内站点地区开发的命名）。

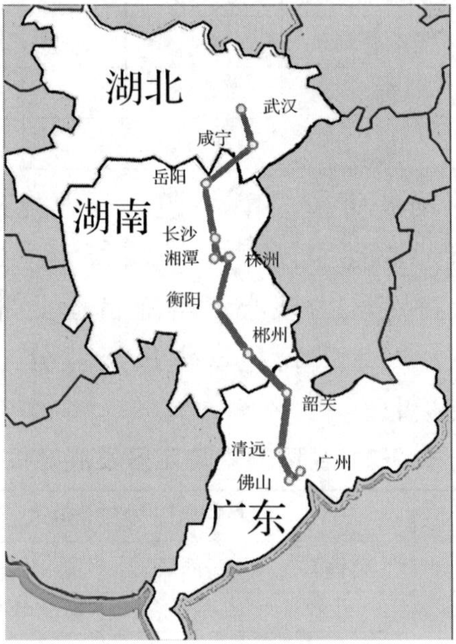

图 2-7　武广高铁路线示意图

总体上看：①武广高铁新城普遍位于城市近郊（图 2-8）[①]；②普遍重视城市服务功能，交通枢纽、商务办公、金融、商贸服务、休闲娱乐、总部经济、旅游集散、居住生活成为新城最主要的功能类型；③建设标准高，普遍期望成为城市的副中心、城市门户、新的增长点；④建设规模大，其中 9 个站（部分统计）的综合开发用地规划范围约 168.6 km^2（平均每个站约 18.7 km^2）。

①武广线距离市中心 6～10 km 的高铁站点有 5 个；距离为 0～5 km 的站点 8 个；距离＞10 km 的站点 2 个。总体来看，高铁站到城市中心的平均距离为 6.3 km，除广州北站为老站改造临近城市中心外，距离城市中心最近的为赤壁北站，约 1.2 km，最远的为广州南站和武汉站，为 12 km。从不同城市规模的高铁站区位来看，从超大城市至中等城市，高铁站到城市中心的平均距离具有递减规律，中等城市的高铁站到城市中心的平均距离最小，小城市高铁站到城市中心的平均距离反而更大，超过了特大城市和大城市。

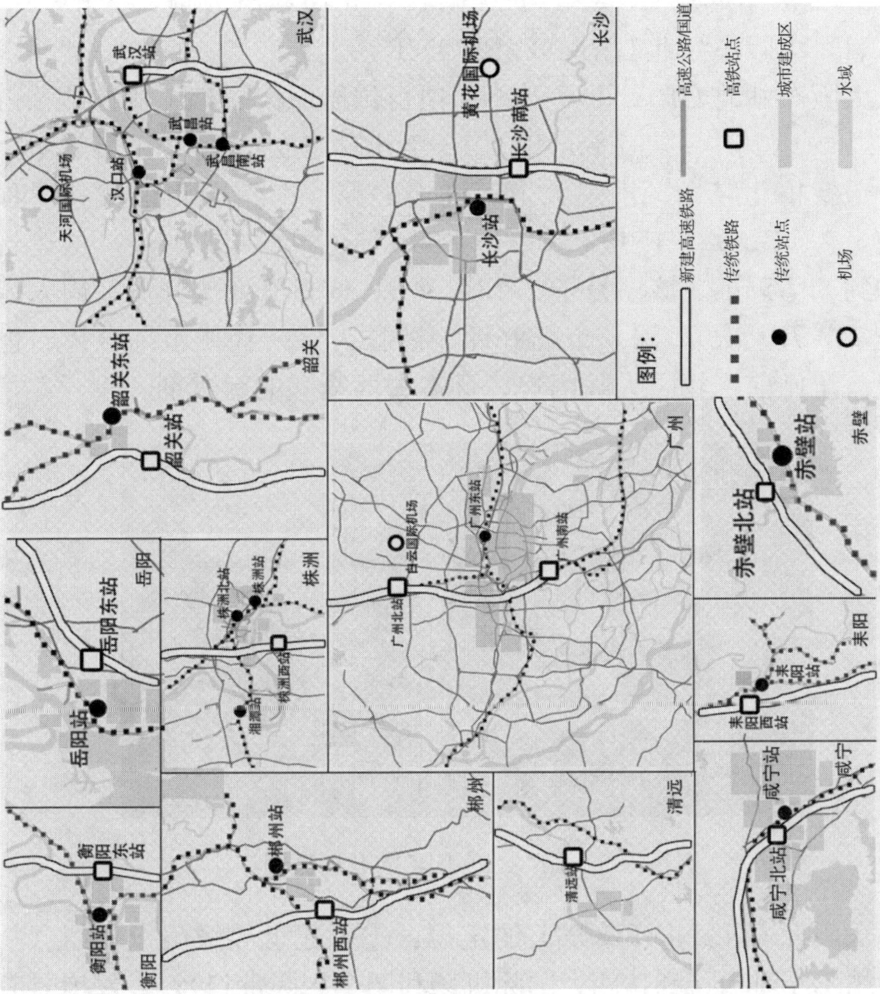

图 2-8　武广高铁车站与城市中心区的关系

比较台湾高铁特定区和武广新城的规划定位，可以看出：台湾高铁特定区赋以清晰的发展定位，以产业开发为核心功能，相互之间互补性很强；而武广高铁新城发展定位十分宽泛，以城市服务为核心功能，相互之间功能差异性不大。

2. 大阪车站北 GRAND FRONT/广州南站 A 项目

（1）大阪车站北 GRAND FRONT

大阪车站北 GRAND FRONT 项目位居原大阪梅田货物站，占地 24 hm^2（其中一期 7 hm^2 于 2012 年开发完成）。整个项目从南至北，包括梅北广场、景观大道、创造之路、南馆、北馆及其屋顶庭院，A、B、C 三座塔楼和 GRAND FRONT（图 2-9），总建筑面积约 56 万 m^2。该项目于 2013 年 4 月 26 日开业（开业一周人流量达 700 万人次），深获市场好评，被誉为下一代城市综合体、世界级火车站前广场、大阪门户、日本关西复兴的起爆剂。

图 2-9 GRAND FRONT 鸟瞰图

大阪北 GRAND FRONT 的定位：①创建世界级门户枢纽（从大阪站 1 小时内可到达两大国际机场和两个国际港口）；②发展具有国际竞争力的新产业群（建立知识资本基地，以环保、机器人技术、生物科学和计算机技术为主，兼具科研、展示和教学功能）；③进一步增强城市环境特色（设置多样化的丰富绿化和水景，创造出立体的街道空间，创造“水之都、绿之都”的特色城市环境）。

大阪北 GRAND FRONT 的设计主题除了时尚购物、美食之外，强调两大设计主题：①一期为“知识资本基地”，旨在实现“技术”和“感知”的高度结合和新价值；②二期为“领导世界的环境先进地区”，强调知识和环保产业的结合，使得“环境技术成为大阪站北地区的城市品牌”。其业态关键词可以概括为：体验式商业、主题形象店、跨界、产研展商结合、创客、创业咖啡厅，等等（图 2-10）。

图 2-10　GRAND FRONT 功能示意图

该项目的整体设计理念最初在 2003 年的国际设计招标中提出，此后，经过包括政府、学术界、金融界和民间开发组织在内的 12 家合作开发者历经两个阶段的协商完善后，才正式启动。

（2）广州南站 A 项目

A 项目位于广州南站核心商圈（图 2-11），位于中轴广场两侧，总建筑面积约 18 万 m^2，分两期开发。项目定位时考虑呼应珠三角乃至全国庞大的商务办公、品牌展贸、高端商务租住需求，以38～100 m^2 多变 LOFT 公寓的模式（可独立、可拼合）打造全新商务空间。

（a）A项目的位置

（b）A项目的多功能公寓（样板房）

图 2-11 广州南站 A 项目

项目按照“获得土地—规划设计—销售”的模式进行开发。按照投资型物业进行定位（多功能公寓和临街商铺）和规划设计

（毛坯房，可以灵活组合），而在销售阶段，则通过概念包装（如中国高铁核心物业、LOFT、投资性物业、升值地段核心、南站首座超高层震撼上市、泛珠CBD展贸平台，等等），并借助名人主持高铁经济论坛和样板房示范的方式进行推销。

统计显示，该项目购买用途为：自用60%，投资40%。其中自用的主要行业为：外贸型企业、展厅企业、电子商务企业、服装设计企业、医疗器械企业、灯饰和化工企业。

比较两个项目，可以看出：①大阪北GRANDFRONT项目定位颇具超前性（策划之初就瞄准创意产业以应对社会进入知识经济时代的挑战），注重吸纳民间智慧，强调政府与民间共同筹划管理，注重整体主题选择和环境设计，是一种基于先进定位、着眼于长期经营的开发模式；②广州南站A项目则在获得土地之后，再进行定位研究，而且定位十分宽泛，是一种典型的基于推销、着眼于快速回笼资金的开发模式（将项目建造后，再通过概念包装进行推销）。显然，两者的开发格局完全不一样：前者能够引领新一代城市综合体的开发，成为城市复兴的引擎；后者只能在消费概念之后，由市场主宰命运了。

3. 欧洲里尔/咸宁北B项目

(1) 欧洲里尔

“欧洲里尔”（Euralille，其涵义是欧洲的形象）是一个综合开发项目，位于里尔①老城边缘新旧两个火车站（新站为TGV里尔站，服务于欧洲北部国际高铁线；旧火车站服务于通往巴黎的TGV及其他国内线路，两座车站相距约500 m）之间的三角形空地上②（图2-12）。开发规模超过100万m^2；开发周期划分为：

①里尔位于巴黎北部180 km，是北部加来大区的首府，距离比利时边境约10 km。从面积上看，是法国第四大城市，从人口上看，位居法国第13位，共约100万人（中心区20万人）。里尔及其所在大区是法国重要的工业区之一，20世纪70年代后主导产业（钢铁、煤、棉花）的竞争优势下降。里尔市政府决定借TGV把里尔打造为巴黎、布鲁塞尔和伦敦之间的重要交通枢纽，重点发展第三产业。在政府的规划和TGV的带动下，里尔实现了成功的转型，成为一个以商务商贸为主的城市。

②由于里尔地处边境地区，出于军事防御的考虑，该三角形地区长期闲置，国家掌握其所有权。在欧洲里尔策划阶段，决定该土地中的70 hm^2先行开发，其余50 hm^2作为储备用地。法国政府以1法郎的象征性价格，将该土地提供给里尔市使用。

1988～1990 年，策划、规划设计阶段，1990～1995 年建设实施阶段；功能包括：商务办公、会展、娱乐和商业。该项目的成功开发，让里尔成为从工业城市转型为工商业城市的典范，使得里尔在欧洲的地位和知名度得以大幅度提升，项目本身也成为欧洲精神地图的新节点。

欧洲里尔的开发建设由里尔市政府主导。在地方分权（市政府享有编制和实施城市规划的管理权）和市镇联合（市镇通过协商建立不同形式的市镇联合体）的大环境下，里尔市政府在协调国家、大区、省、市镇利益的基础上，在一定范围内充分运用了地方分权所赋予的自主权，采取联合开发的方式，借助多方力量，使项目的开发建设得以顺利进行。项目实施后，里尔服务业在国家经济层面的比重得到提升，一些高层次的商务咨询和服务公司纷纷落户里尔，其国际化的区位又增加了国际旅游者的吸引力，进一步促进了旧城更新。

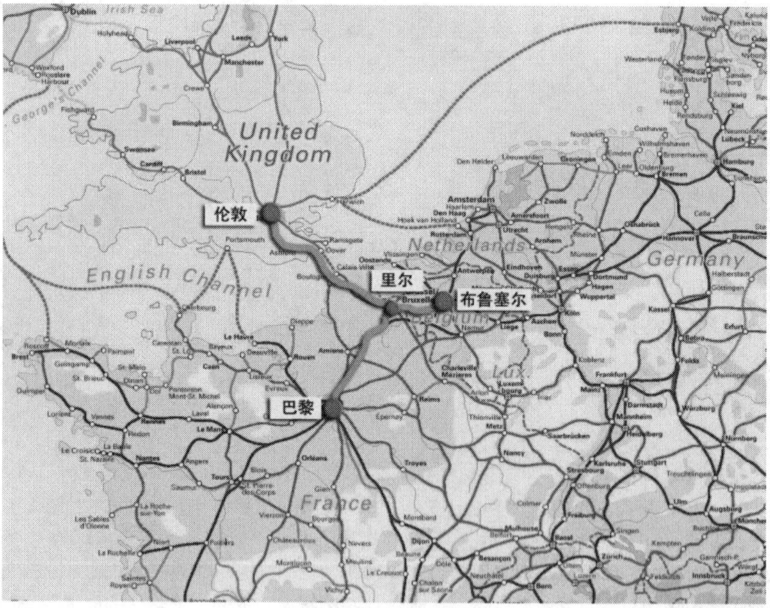

(a) 里尔的区位

图 2-12

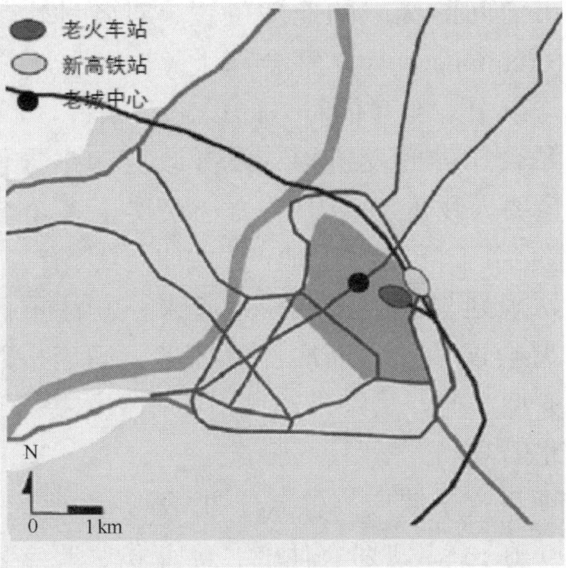

（b）TGV里尔站与城区的关系

（c）鸟瞰图

图 2-12 欧洲里尔项目

总结起来，该项目成功的关键体现在如下几个方面：①顺应时代要求，抓住城市迫切需要转型的时机和位于伦敦、巴黎、布鲁塞尔三座城市之间的优越的地理位置，对各种优势资源和条件进行链接（interconnectivity）整合[①]；②车站选址位于旧城区边缘，使得项目与市中心能互借对方的设施和条件，形成良性互动；③强有力的公私合作的开发机构（发挥政府的主导作用，以及马龙、库哈斯等重要人物的政治影响力，获得了多个金融机构的投资）；④车站邻近用于开发的土地产权单一（公有）；⑤地方政府有积极性将车站规划与地区发展联系起来；⑥注重循序渐进部署产业（最初部署会展功能，渐次部署商务、酒店、购物、休闲娱乐、金融等服务型产业，最终带动城市产业整体提升）。

（2）咸宁北 B 项目

咸宁北 B 项目位于武广高铁咸宁北站[②]，占地约 870 hm^2，总建筑面积约 200 万 m^2，规划有住宅、商业街、写字楼等，是一个巨大的城市综合体。开发目标是打造成为咸宁未来文化、金融、休闲、居住的核心，成为城市门户（图 2-13）。

比较两个项目，可以看出：欧洲里尔强调项目与区域的“链接”（空间上与老城和旧火车站建立联系；视觉上加强与老城的联系；功能上与巴黎、伦敦和布鲁塞尔建立联系，与老城建立功能互补关系），注重吸纳、发挥政府的主导作用和社会资本的参与，注重利用老城区的资源（甚至为此要求车站选址改变原有规划）。咸宁北 B 项目的定位十分宽泛（定位为城市的副中心），其开发模式是政府制定规划，依靠市场力量进行资金筹措和资源投入，以实现政府的意图（打造新的发展热点）。前者能够充分发挥其链接三大国际都市的优势，将自身的发展纳入三大国际都市的发展格

---

①库哈斯在设计中，不是把该项目作为一个简单的城市地块开发，而是从城市整体视角入手：从功能、空间、景观视角将高铁站点地区开发与城市空间转型紧密链接起来。在功能上，站点地区紧扣城市向服务业和现代制造业的转型方向，规划办公、商业、娱乐、会展等功能；在空间上，通过“柯布西耶桥”的建设链接老火车站和城市中心区；在景观上，通过在站场广场设置“TGV 视窗”加强站点地区与老城之间的视觉联系。

②咸宁市位于湖北省东南部，长江中游南岸。隶属湖北省，与湖南、江西接壤，素有“湖北南大门”之称；全市 9 861 km^2，人口 250 万。

局中；后者忽视如何与武汉、长沙这样的区域中心城市的链接和功能整合，也忽视与旧城区既有功能的链接和整合，其开发格局也就只能是相机开发房地产而已（市场力量所依靠的资源是“温泉城市”这一招牌）。

图 2-13 咸宁北 B 项目规划与现状

比较以上三组案例，可以看出：

（1）成功的项目，都注重规划引领，并注重在区域范畴内进行规划统筹（链接内、外部要素，形成协同发展的整体）；相比之下，国内的高铁新区（城）注重着眼于引导新城区的扩张（注重通过新概念来吸引投资）。

（2）成功的项目，都注重通过加强前期策划，把握城市、产业的发展趋势，以使得开发要适应时代的要求，注重长期经营和地区价值营造；相比之下，国内的高铁新区（城）注重当下土地出让和财政收入，相机开发房地产。

（3）成功的项目，都注重建构好政府、社会力量和市场力量之间的合作机制，共同谋划和管理，着眼于长远统筹各方利益；相比之下，国内的高铁新区（城）由政府主导（通过管委会组织编制规划和城市设计，负责土地收储和招商引资），关注当下（如何尽快把土地出让出去，如何尽快把房子卖出去）。

（4）成功的项目，都强调站点地区开发与城市空间协同发展：站点的选址符合城市整体空间发展趋势（如欧洲里尔选址与旧城更新战略一致）；站点地区的业态符合城市经济发展方向（如欧洲里尔适应城市向服务业和高科技转型）；站点地区与城市其他地区整合互补发展（如欧洲里尔业态注重与旧城中心区互补）；空间设计强调站点形象与城市传统空间的联系与整合［如欧洲里尔加强与老城联系（实体与视觉）、人性化环境设计］。相比之下，国内高铁新区（城）普遍注重成长为城市的新增长极，突出部署城市服务功能。

上述评析，启示了本研究需要重点关注：铁路城镇综合体在“何时”和“何地”，以何种“方式”和何种“规模”，通过何种“方式”开发建设出来？或者说，铁路城镇综合体的选址、定位、业态和规模受到什么制约？应以何种体制机制促生铁路城镇综合体？

背景材料：国外铁路站点地区开发经验总结

1. 中央和地方资源的整合度

——协调机制的建立；既有资源的有效运用；国家资源集中或分散的效益评估。

——推动计划的人力与推动态度。

2. 开发建设动力

——协助取得土地；公共建设投入适时；对开发商奖励；

引入外部交通。

3. 地区发展远景

——照顾地方发展需求；政策与计划的延续性；完善的开发计划与配套设施。

——提升发展层次的规划理念。

4. 城乡特色精致化

——地区资源的品质提升与营运管理效率化；产业文化化，文化产业化。

——地区资源的整合营销；持续性的改善计划。

来源：（台湾）森海国际工程顾问股份有限公司（个别文字有改动）

2.3 访谈总结

就“37号文”的解读和项目调研，以及参与相关铁路土地综合开发项目评估活动，课题组和相关铁路局、地方铁路投资公司（含城际铁路公司）、城市轨道交通企业和地方政府（国土及规划部门）的相关负责人以及高等学校的学者进行了交流和讨论。

访谈中，主要围绕如下问题展开讨论：①怎么理解“37号文”的意义和条文；②如何理解铁路土地综合开发的涵义和任务；③铁路土地综合开发的主要领域有哪些；④铁路土地综合开发的前景如何；⑤铁路土地综合开发需要重视解决哪些主要问题；⑥铁路土地综合开发的管理体制有何问题。

1. 关于“37号文”的意义和条文

“37号文”下发之初，不少地方政府和铁路运输企业乃至城市轨道交通企业，就“37号文”系统地进行学习和研讨，个别省政府也着手制定本省实施“37号文”的操作办法。普遍认为：①如果“37号文”提出的相关措施得不到地方政府的理解和支持，不能制定出相关实施细则并赋予法律地位，则铁路土地综合开发难以开展；②“37号文”的相关条文未能形成完整的铁路土地综合开发机制和保障体系（不完善、深度不够）；③相当部分条文（如协商收购邻近土地）缺乏可操作性，一些条文语义含糊；④“37号文”未针对城市轨道交通综合开发项目，因此城市轨道交通企业难以应用。

2. 关于铁路土地综合开发的涵义和任务

对于铁路运输企业，普遍缺乏关于土地综合开发的复杂性和艰巨性的深入了解。对铁路土地综合开发涉及区域范围内多种要素的互补性和整合利用，涉及多种专业、多种开发建设行为的综合集成缺乏深入全面的理解；缺乏从区域—城市的视角对铁路站点地区开发项目进行策划和筹划，对铁路和地区开发的协同价值如何促成缺乏清晰的认知和分析框架；对房地产市场的趋势判断缺乏系统的认识和敏感性（从上报的项目报告也可看出，报告编制不规范，不习惯于竞争性项目的市场分析，对应重视论证的投融资模式、项目经营策略、不确定性的应对策略等缺乏深入研究）；对于铁路土地综合开发的战略使命普遍理解不深或者也不关心；对于综合开发项目资金筹措的理解比较简单（无非是：路局或股东给，铁路发展基金投入，从银行借）。

对于地方政府，普遍忽视对高铁新区（城）设置的基础条件和战略使命的研究；热衷于树立高铁新区（城）的形象，总体定位过高，一定程度上影响到许多车站规模上超越实际客流需求，造成资源浪费；高铁新区（城）开发规划缺乏与大区域规划衔接，也未能和主城区的发展相协调匹配；商业项目开发量普遍过大，且商业项目定位和模式陈旧，缺乏“目的地”性质的功能；普遍热衷于土地财政，通过打造概念追求“以地生财”，一定程度上忽视了产业部署和产业用地的安排；缺乏大项目引导，品牌效应不足；产业未兴，地产先行现象比较普遍，导致高铁新区（城）可持续性发展能力较弱。

3. 关于铁路土地综合开发的主要领域

铁路土地综合开发的主要领域包括新建站场地区（新开发）和铁路存量土地（再开发）。前者主要位于待城市化地区，可以结合站场建设，运用一体化、立体化设计手段实现节约集约利用。后者主要包括：①站段合并后的闲置土地（车站货场、线路办公用地）；②对既有站场、低层的生产生活建筑进行改造更新（提高容积率、改变用途）；③收回长期出租、出借的铁路用地进行开发利用；④因城市规划需要使用铁路用地而置换给铁路运输企业的土地。

不少人认为：新建站场由于选址偏离城市中心区，需要投入大量基础设施建设，并且很多站点地区的开发计划属于盲目决策，开发风险较大；存量土地绝大部分地理位置比较优越，不需要投入大量资金进行基础设施建设和市场培育。从战略上看，更适合尽早组织开发，作为铁路土地综合开发的突围方向。

4. 关于铁路土地综合开发的前景

不少人认为：房地产行业的黄金时期已过，市场已经进入下滑趋势，宏观环境条件发生了很大变化，现在进入这个领域，“天时地利人和”都不存在，所以铁路土地综合开发前景不容乐观，需要审慎决策。

普遍认同：部分地方（尤其是欠发达地区）存在发展高铁新区（城）带动经济发展的冲动，但往往不是从经济规律出发，而是更多考虑和强调拉大城市空间格局，拔高城市形象的作用（也导致了不少车站规模偏大）。此外，目前各个城市都处于快速城市化阶段，伴随站点地区开发的同时，新的城区或CBD不断涌现，旧城更新也在同时进行，站点地区开发与其他新城区开发或旧城更新的关系难以协调。这些都给铁路土地综合开发带来了不确定性。

5. 铁路土地综合开发需要重视解决的主要问题

普遍认为：①铁路土地综合开发缺乏顶层设计和理论准备，仅仅发了一个“37号文”，就让铁路运输企业去摸索，企业存在能做到什么程度就什么程度的心态，容易导致一盘沙的现象。②规划设计中缺乏对于高铁新区（城）的开发建设条件论证（如：城市人口是否超负荷，旧城是否已无空间容纳人口增长和产业发展；新区发展需要的主导产业和重大产业项目能否落地；政府是否具有支持新区基础设施建设的财力和管理能力；缺乏对开发规模和功能定位进行多要素叠加的评估，包括站点和现状建成区的区位关系、高铁与其他交通设施的联系便捷程度、产业选择、城市本身的商务用地储备量等方面）。③目前的条块分割管理体制①、相关工程建设标准规范和不同性质土地（铁路用地和综合开发用地）的取得办法，难以支持站场一体化综合开发。④城市规划、土地利用规划和铁路规划编制程序的不协调问题，将影响到站场和周边地区开发的效果（难以充分利用土地价值和节约集约使用土地）。⑤相关工程建设标准规范存在冲突，影响到车站地区立体化设计和分层出让土地使用权（“37 号文”虽提出相关部门进一步研究和落实，但仅提出相关部门负责，实际没有部门负责）。⑥在目前土地管理制度日益规范及保护个体利益日渐重视的情况下，如

①如国家发改委主管高铁的立项及审批；线位规划及站房选址由地方政府和铁路部门共同决定，其建设和管理则由铁路部门负责；站前广场及地下空间由地方园林部门和铁路部门合资建设；城市道路及城市轨道交通由地方交通部门负责建设及管理；站点周边地区一级土地开发由地方政府负责和主导；站点周边地区二级开发则由开发商主导［见：殷铭等．站点地区开发与城市空间的协调发展．国际城市规划，2013，(28) 3：70-77］，具体见下图。

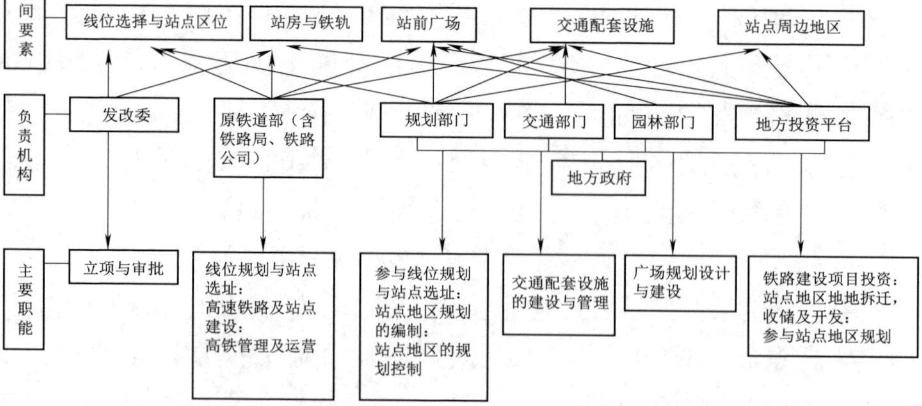

无法建立具有一定强制性的利益协调机制，将难以很好地化解土地取得及整合过程中的冲突，也就难以将铁路带来的土地增值收益进行内部化。⑦地方政府未能及时应对高铁布局对所在城市带来的城市地位和功能定位的变化，未能及时对区域战略、城市定位、土地利用、功能结构和空间组织进行调整（与此同时，高铁布局也侧重考虑本系统本行业的运行规律，主动协调区域与城市规划的积极性不够）。

此外，大量的铁路用地存在权属不明确、用地边界不明确的历史遗留问题，为解决这些遗留问题需要投入大量的财力和人力。

6. 关于铁路土地综合开发的管理体制

普遍认为：①目前关于铁路土地综合开发的管理体制，主要特点是“报计划审批后才能干”，容易导致下面把决策权上交，也就没有太大压力审慎研究项目的可行性，上级机关也不可能有太多精力去研究项目（这种做法，实际鼓励了下级把问题上交，容易导致不确定性累积，造成更大的不确定性，从而导致系统性风险）；②中国铁路总公司的改革还正在征途上，铁路运输企业的市场地位尚未完全确定（何去何从尚未有定案，庞大的领导班子们不可能不关注各自下一步会转换到什么岗位上，所以也不可能有太多精力全面抓土地综合开发），没有相应的机制约束基层铁路运输企业从自身可持续发展进行决策；③目前的管理体制缺乏将多种工种、多种专业、多种领域的开发建设活动进行整合的激励机制，既不利于铁路和周边地区的一体化开发建设，也不利于吸纳社会资本参与；④铁路运输企业缺乏资金、市场化人才，而且管理体制僵化（超过一定金额就要铁路局机关党政联席会审批，不适合市场“招拍挂”获得土地的现实要求），所以习惯于按照流程将决策交给上级，少冒险——注定铁路土地综合开发只能小打小闹；⑤必须通过体制机制创新发挥中国铁路总公司和社会资本在铁路土地综合开发中的能动性作用，这是实现铁路建设和新型城镇化协调发展的根本保证。

根据访谈总结，形成如下判断：

(1) 目前的宏观环境已经发生重大变化，不能简单地沿用以往的房地产开发经验开发建设铁路城镇综合体。

(2) 需要重视研究：①如何围绕综合开发整合铁路和综合开发两种用地，以充分发挥协同效应；②如何将铁路带来的土地增值收益进行内部化；③如何约束地方政府发展高铁新区（城）的政绩工程冲动，等等。

2.4 小结

通过理论述评，探寻了本研究理论探索的空间；通过案例评析，明确了本研究需要解决的核心问题；通过访谈总结，厘清了本研究的现实边界。

(1) 理论探索的空间：基于中国特殊的本土化因素和全球化影响，认识铁路城镇综合体的使命、实质和特性，从形成过程（各个发展阶段的动力和机制）对其进行考察。

(2) 需要重点研究的问题：如何构架能使政府主导和市场机制充分发挥作用的开发建设体制，以充分发挥各级政府（尤其是地方政府）、中国铁路总公司和基层铁路运输企业的能动性，自发地进行合作？

(3) 现实边界条件：铁路城镇综合体开发的宏观环境已经发生重大变化；当前的体制机制十分不适应铁路城镇综合体的有序发展。

附录：解读“37号文”

1. 认识“37号文”

1)“37号文”的内容

包括四大部分内容：①原则；②措施；③政策；④监管和协调。

(1) 原则。

包括：①支持铁路建设与新型城镇化相结合；②政府引导与市场自主开发相结合；③盘活铁路存量用地与综合开发新老站场用地相结合。

(2) 措施。

①支持盘活现有铁路用地。

包括：ⓐ科学编制既有铁路站场和周边地区改建规划；ⓑ给予既有铁路站场综合开发用地政策支持；ⓒ促进铁路运输企业盘活各类现有土地资源；ⓓ鼓励提高铁路用地集约节约利用水平。

②鼓励新建铁路站场实施土地综合开发。

包括：ⓐ支持新建铁路站场与土地综合开发项目统一联建；ⓑ合理确定土地综合开发边界和规模；ⓒ明确站场建设和土地综合开发的规划要求；ⓓ采用市场化方式供应综合开发用地。

(3) 完善配套政策。

包括：①统筹土地综合开发和规划管理；②完善综合开发用地供应模式；③落实综合开发用地指标；④完善相关工程建设标准规范。

(4) 监管和协调。

包括：①实行备案管理（在供应综合开发用地前，市、县国土部门向国土资源部备案）；②严格土地开发利用管理（相关市、县国土部门应与取得综合开发用地主体签订土地综合开发利用协议）；③铁路站场、线路应先于土地综合开发项目建设；④切实加强建设管理。

2)“37 号文”的意义

(1) 明确了铁路土地综合开发的方向。

以“三项原则”明确了铁路土地综合开发的方向。

(2) 明确了铁路土地综合开发的方式。

包括：①盘活现有铁路用地；②新建铁路站场与土地综合开发项目统一联建。

(3) 明确了铁路土地综合开发的途经。

包括：①授权经营；②毗邻土地整合；③市场化供地；④统一联建。

(4) 明确了铁路土地综合开发的基础条件。

包括：①统筹编制规划；②分层设立建设用地使用权；③用地指标单列；④分期供应土地；⑤完善相关工程建设标准规范。

3) “37 号文” 的要求

(1) 铁路运输企业应作为新型城镇化的主体力量之一。

铁路运输企业应同时扮演如下角色：①支持和引导新型城镇化；②制度创新（土地管理制度、城市开发建设体制，等）的推动者；③新规划技术（低碳城市、智慧城市等）的应用者。

(2) 进一步向社会资本开放，加快铁路体制机制改革和铁路建设（铁路土地综合开发是吸引社会资本的关键途径）。

(3) 铁路运输企业应学会和地方政府、市场力量、社会力量进行战略合作和共享前景。

2. 理解“37 号文”的关键词

1) “铁路建设与新型城镇化相结合”、“形成铁路建设和城镇及相关产业发展的良性互动机制”

——铁路土地综合开发不是一般意义的房地产开发，而是空间组织、产业演替、社会网络重构、交通设施建设、公共政策和市场运作等要素的系统集成。

——加强产业规划，培育核心能力。不仅要体现站点经济的内容，也要体现城市功能升级、产业转型的要求，与站点所在城市、区域实现功能协调、产业互补。

——站点地区开发要走节约集约、低碳、智能的道路，构筑全新的生态经济结构和空间结构。

——通过公私合作进行开发建设（铁路运输企业要和地方政府、市场力量合作）。

——铁路运输企业要扮演新角色（制度创新的推动者，政府战略和市场力量的集成者，新技术的应用者）。

2）“统筹铁路站场及毗邻地区相关规划”

——地方政府是土地综合开发的重要主体（因此，铁路运输企业要学会和地方政府按照共赢互利机制建立合作关系，分享利益）。

——铁路运输企业要提早介入规划（将自己的意图和利益诉求体现到规划里面，共同做大蛋糕，才有可能分好蛋糕）。

——铁路项目的各阶段（预可行性研究、可行性研究等）论证内容和要求都需要进行相应调整。

3）“支持铁路运输企业利用自有土地、平等协商收购相邻土地、依法取得政府供应土地或与其他市场主体合作”

——需要建立一个各方都认同的权威性的协商机制才有可能进行平等协商，铁路运输企业、地方政府都需要探索如何构建这一机制（这一机制如未能构建，这一条文就没有什么意义）。

4）“土地供应的前提条件”

——要高度重视规划对铁路土地综合开发的引领作用（既要加强城市总体规划层面的铁路车站发展区专项规划，也要对既有的控制性详细规划进行修编）；要重视土地综合开发长期规划和年度计划的编制。

——综合开发的规划要求和铁路建设要求需要明确才能出让土地（需要落实到控制性详细规划）。

——在车站设计和综合开发设计中要细化到三维坐标（满足可分层设立建设用地使用权，部分要深入到初步设计乃至施工图设计）。

——对铁路的设计管理和建设管理提出新要求（新建铁路前期研究、勘察设计和建设实施都需要和土地综合开发同步安排、同步推进，进行全系统内分类、分层统筹）。

——要重视推动控制性详细规划编制的创新（探索融合土地出让实施计划、法定图则与车站设计的专项控制性详细规划）。

5）“铁路运输企业依法取得的划拨用地，因转让或改变用途不再符合《划拨用地目录》的，可依法采取协议方式办理用地手续”

——问题：协议出让的土地出让金如何确定？

——问题：“37号文”作为一个指导意见，地方政府是否认同？是否愿意？（涉及与其他法规及规范性文件相冲突的问题）。

6）“经国家授权经营的土地”①

——这种用地方式不属于土地管理法规定的方式，仅是国土资源部的部长令，而且当时只是针对工矿企业改制所设，对于铁路土地资源开发涉及要将土地和企业其他资产切割，明确为房地产开发用地，并需要和社会资本合作，存在着操作上的难度。涉及如何强化制度管理的问题（特别针对如下几个方面：如何作价租赁？如何建立参股企业？何种项目转让到参股企业?）。

——中国铁路总公司历史形成的大量需要更新改造进行商业化开发的存量土地，由于涉及既有土地内外的利益协调问题——实质涉及地方政府对于既有土地再开发的支持力度问题（改变原有的使用用途、使用强度和使用权限需要纳入地方的城市规划体系进行管理），因此，比授权经营更为重要的是，建构一个利益协调机制，基于既有土地开发权的特征，由地方政府和铁路运输企业针对不同情形进行讨价还价；为便于和地方政府协商合作，必然需要将既有土地的状况、产出价值和资本化效益进行统筹管理和情形分析，即进行“资源—资产—资本”一体化管理。

——铁路运输企业要抓紧对铁路存量土地的统计和管理制度

①授权经营土地使用权是以划拨土地使用权的价值作为评估价值授权给经国务院批准设立的国家控股公司、国有独资公司、集团公司，是一种受限制的土地使用权（改变用途或向集团以外的单位或个人转让时，应经政府批准并补缴土地出让金），法律层次较低。具体见文件：《国有企业改革中划拨土地使用权管理暂行规定》(1998年国家土地管理局8号令)、关于印发《国土资源部关于加强土地资产管理促进国有企业改革和发展的若干意见》的通知（国土资发〔1999〕433号)、国土资源部办公厅关于印发《企业改制土地资产处置审批意见（试行)》和《土地估价报告备案办法（试行)》的通知（国土资厅〔2001〕42号）。

的建立（为此，需要一定规模的投入）；实现土地的“资源—资产—资本”一体化管理是铁路土地管理的努力方向。

7）“支持新建铁路站场与土地综合开发项目统一联建”。

——可以对市场主体资格授权程序进行简化（通过一次招投标/政府采购程序，确定土地一级开发主体与基础设施/公共服务设施建设/运营主体的资格）。

——需要构建一个综合集成平台支持统一联建（不仅集成技术，还要集成行为；不仅体现空间一体化，还要体现制度一体化）。

（1）规划设计编制委托主体：“铁路＋地方政府”。

（2）规划设计编制主体：“铁路设计＋综合开发项目设计＋地方规划院”。

（3）规划设计编制审批主体：“铁路＋地方政府”。

——需要正视问题：站场用地（铁路建设用地）与周边土地综合开发项目（经营性项目）的征地拆迁安置补偿标准不一致，可能导致站场用地范围被拆迁补偿人的利益索偿（向经营性用地补偿标准看齐）。

——地方政府应建设和完善铁路建设用地使用权分层、分类出让机制。

8）“合理确定土地综合开发的边界和规模”

——铁路企业的战略筹划和系统统筹能力要提升（要综合考虑建设用地供给能力、市场容纳能力、铁路建设投融资规模、可持续发展等因素），系统化筹划铁路建设和土地综合开发的整体化运作。

——50 公顷、100 公顷不应该作为刚性规定（因为现实情况下车站影响范围受到车站所在城市的发展趋势、城市规划、繁华程度、基础设施状况、人口密度、环境质量、线路连接对象等诸多因素的影响），实际用地规模需要考虑铁路土地综合开发和区域发展战略的需要，要因地制宜视具体项目的实际情况而定；不能只关心用地边界内，需要关心边界内和边界外的协同发展关系。

9）“采用市场化方式供应综合开发用地”

——供地之前铁路运输企业和地方政府协商好利益分配机制十分重要（避免自己花钱将自己带来的土地增值收益买回来）。

——需要强化寻找合作伙伴的制度管理，避免铁路运输企业获得土地后，寻找合作伙伴一对一谈判机制下可能的价值评估不合理而导致的国有资产流失问题（选好合作伙伴、选对合作伙伴，与合作伙伴建立双赢互利合作机制，规范与合作伙伴的合作规则）。

10）“落实综合开发用地指标支持政策”

——指标单列，有助于实施综合开发，但增加了土地指标，也可能对市场供应产生负面作用，需要审慎研究对市场的影响（“37号文”最大亮点：用地指标单列）。

——要完善“铁总—省”合作机制：通过进行铁路和地方协同发展的整体筹划，重点让省政府感觉到铁路运输企业能为综合开发带来好处。因为指标单列虽然可以不占用地方既有的用地指标，但占用了土地（地方可用土地减少），如铁路和地方之间对于这些指标没有一个机制进行利益交换和利益分配，也难以达成共识（因为土地是地方政府的命根子!），尤其是发达地区（用地指标要经省政府核准才能上报）。

——需要考虑将用地指标单列和铁路投资建设者的土地开发权统筹起来处理（即地方政府获得用地指标须兑现铁路投资建设者的利益）。

11）“统筹土地综合开发相关规划管理”

——应加强城市总体规划层次的车站地区开发专项规划编制。

——应积极推动相关机构将分割的规划编制体制进行整合优化，使土地资源储备与开发、空间规划与铁路建设之间实现整合。

——传统的铁路设计方式（内容、成果要求、审查组织）不再适应。

——铁路设计和综合开发需要整合（需要调整传统的车站乘

降量预测模型，需要重视论证同步实施、整体运作的策略问题，等等）。

——“设计任务书”的制定需要建基于系统性的综合开发策划论证。

——需要建构综合集成平台（发挥作为铁路设计和综合开发之顶层设计和行动路径设计的作用：整合土地、产业、规划、设计、建设、投融资、运营等管理机制和制度建设）。

12）“完善相关工程建设标准规范”

——应抓紧推进相关部门进行相关工程建设标准规范的完善工作（这是重要的基础工作，也是一项系统工程，关系到如何统筹综合开发和铁路建设，需要尽快启动；中国铁路总公司应尽快协调国家发改委、住房和城乡建设部、交通运输部等相关部门，明确完善相关工程建设标准规范的责任单位）。

——应重点在如下几个领域完善相关工程建设标准规范：枢纽规模及建设标准；公共区域设计标准；大型多功能空间的安全疏散和消防设施设置标准；枢纽地区环境控制标准。

——应鼓励设计咨询机构推动相关工程建设标准规范的完善工作。

——中国铁路总公司应成为设计管理创新的推动者和实践者。

3　铁路城镇综合体：认知与建构

本章主要内容：从实质、战略使命、组织逻辑和重要特性等方面对铁路城镇综合体进行分析，进而从演化的视角对铁路城镇综合体“是什么”进行建构。

3.1　认知铁路城镇综合体

1. 解读“过程哲学”：理解铁路城镇综合体的实质

在第1章，提出以“过程哲学”作为认识“铁路城镇综合体是什么”的哲学信仰。下面对“过程哲学”进行进一步的阐释，然后据此剖析铁路城镇综合体的实质。

1）对“过程哲学”的进一步理解

David Harvey（大卫·哈维）从研读“过程哲学”的著作中得到启示：“空间”不是一种容器，而是一直依赖于形成它的“过程”或“要素”；而“过程”或“要素”是由各种“关系”组成的，即任何“空间”的“永恒”都表现为“过程中”广泛联系的一个体系。因此：①“空间”是一种“关系聚合体”（由许多位置、资源及其相互关系形成），是各种“关系”交织的场所（即“空间”是“关系”创造出来的，是各种“关系”产生“相遇”的结果）；②各种“关系”聚合成“空间”的过程既是一个“和解”的过程，也是一个“斗争”的过程：前者意味着“关系”通常由两个或更多的要素的同意或结盟；后者表明“关系”的建立可能隔离了一些要素（及其联系）和强迫了一些要素的参与。

“空间”具有三个层次：“空间实践”（spatial practice）、“空间的表征”（representations of space）和“表征的空间”（the space of representation)[①]，两种结构："流动空间"和"地方空间"[②]。

按照 Henri Lefebvre（亨利·列斐伏尔）的观点，"关系"聚合为"空间"的过程是一种"空间的生产过程"（production of space）[③]：既生产具有经济价值和使用价值的物质空间，也生产具有隐性价值的社会空间关系。

2）空间生产

(1) 实质：资本[④]空间化＋权力[⑤]空间化

David Harvey（大卫·哈维）深受 Henri Lefebvre（亨利·列斐伏尔）的影响，提出了"资本城市化"理论。该理论的核心观点是，"空间的生产"是一个"资本空间化"过程：①城市建成环境（built environment）的形成实质上是资本控制与作用的结果，

①Henri Lefebvre（亨利·列斐伏尔）认为，空间本体论是一个"三位一体"的社会理论框架：ⓐ"空间实践"：一个物理意义上的空间形式，物质性的空间，包括了社会中的生产与再生产，以及其空间区位及配置组合。ⓑ"空间的表征"：某种概念化的空间想象，即空间的精神性存在，往往通过言语、词汇、文本进行表达，是人们对空间的设想、想象和向往。ⓒ"表征的空间"：标志社会关系的空间属性，是人们生活和感知的空间，这种空间依托空间实践，同时也蕴含着精神空间。他们分别对应三种类型的空间：感知的空间（或称为物质空间）、构想的空间（或称为精神空间）和生活的空间（或称为社会空间）。其中，物质空间是基础性的，是其他空间属性生发的底板；精神空间依附于物质空间；社会空间依托物质空间同时又纳入了精神空间，蕴含着精神空间。

②见第 2 章关于"流动空间理论"的注释。

③Henri Lefebvre（亨利·列斐伏尔）认为：空间并非是一个预先给定的东西，也不是客观的、中性的和虚空的，它是被生产出来的，是社会实践的产物，或者说是各种利益奋力角逐的产物，受到各种利益群体的制约与权衡。空间的生产是一个空间被开发、设计、使用与改造的全过程，是一个社会关系重组与社会秩序实践性建构的过程。

④资本是一种能够创造、带来新增价值的价值附着物，作为人类创造物质、精神和信用财富的各种社会经济资源的总称。按照马克思主义政治经济学的观点：ⓐ资本是资本家争夺控制生产的一种社会权力，体现了资本家对工人的剥削关系；ⓑ作为社会关系的资本实质上是一种强制性的客观力量，体现着其自身的逻辑，即支配社会资源流动，分配社会财富，组织社会的扩大再生产，使整个社会组织成为追求资本增值的机器；ⓒ资本在组织形式上可分为"国家资本"和"非国家资本"（普通资本），共同的特性都是：通过市场经济体制的制度来实现投资主体对市场的直接或间接的控制力；以资本在生产过程中内在的自然属性（对利润的追求），通过资本数量和质量在社会生产过程中的作用和效果来对市场产生影响。"国家资本"具有其特殊性：在社会生产过程中体现政府的意志（即：政府在有约束的条件下集行政资源与国家资本的市场力量于一体，形成国家控制力，从而左右国家整体经济或某一行业的发展），是权力发挥作用的一种媒介。

⑤在社会关系中，权力是一方社会主体所拥有的，对其他社会主体的强制性支配能力。即，权力就是公权力，行使权力的组织，必须是公共机关或准公共机关（社会组织）。权力通常通过语境（discourse）表达，这些语境属于非物的行动者，包括：政府的各类政策文件、精英的网络和专家的知识。

其形成过程承载了资本主义的逻辑，即为资本的积累、循环和利润服务（为生产、流通、交换、消费创造出一个更为适宜的物质环境），有助于资本主义再生产；②城市建成环境在资本循环过程中产生，并直接参与和建构资本循环①，使资本主义的空间生产直接与社会生产关系的再生产得以联系起来，形成"社会经济空间"；③空间生产过程中的基本矛盾是"剥削空间"以谋取利润的资本要求与"消费空间"的人的社会需要之间的矛盾，即交换价值与使用价值②、利润与需要之间的矛盾。

资本对空间进行控制和发挥作用的过程中，需要深深地扎根

---

①David Harvey（大卫·哈维）认为：资本有三重循环：ⓐ第一回路。为工业生产提供必要条件，工业品生产产生的剩余价值投入扩大再生产，形成资本循环的"基本回路"，最后资本过剩，需求不足形成经济危机，需要通过"空间转移"和"时间转移"化解危机。ⓑ第二回路。把第一回路中过剩的资本吸引到基建和建筑领域，修国家高速公路、铁路或各种大型基建，促进房地产市场发展［一方面缓解了第一回路的资本过剩（产能过剩），另一方面基建的完善可以降低基本回路的生产和消费的成本］，即以空间作为资本新利润来源（美国的铁路网建设、郊区化、中国的快速城市化都是这个过程的表现）。这一回路中，空间的不均衡、社会的贫富差距进一步扩大成为主要的负面表现。ⓒ第三回路。由于过剩的资本转投到空间并未从根本上解决资本过剩问题，并导致社会的不平衡发展，资本投入偏向社会性质的领域——科技创新和国家福利［前者直接消耗资本，后者通过集体消费（包括社会设施、基础设施等非私人性消费）消耗资本，作用都在于获得新的增长点］，反过来保障资本回路的运动。这一回路，有效地维护了社会秩序，保证了生产关系能够得到更为顺利的、大规模的再生产。当第三回路中出现过度积累趋势时，资本通过在全球寻找新的投资方向（投资转向不发达国家或地区）解决危机。见下图（资本循环的作用及其意义）。

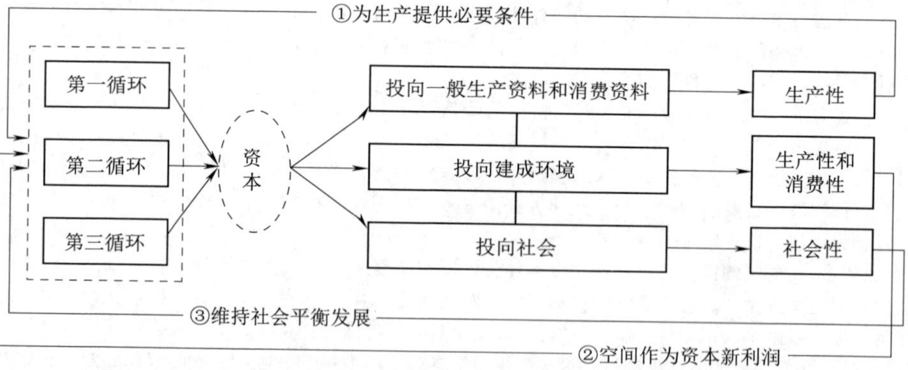

②城市空间同时具有使用价值和交换价值这种双重属性：ⓐ使用价值体现为某一场所或建筑可以用来作为某种生活或工作场所；ⓑ交换价值体现为某一场所可以在市场中用以租售。这两种价值之间存在着激烈的矛盾冲突（使用者对场所进行使用以确保其基本的生活和工作需要，与此同时，商家则希望获取最大的投资回报）；使用价值和交换价值的矛盾直接决定了城市空间的形态、人口在空间上的分布以及生活方式。

于地方的制度、政治和文化环境之中，并受其影响和制约。一方面为了帮助资本得以固着（fix），地方的权力需要通过抽象的“政治制度”或“游戏规则”的生产——权力空间化过程，以便于帮助资本克服制度摩擦和文化摩擦。另一方面，当资本形成新的“社会经济空间”之后，引发了权力对“政治制度空间”的重新组织，形成新的权力对空间的管制机制，空间则变成了权力、经济和地域的综合体；随后，新生成的政治制度又反作用于资本的生产活动，从而引发新一轮的空间生产。

可见，资本和权力是空间生产的主要推动力。其中，资本主要作用于物质的、“社会经济空间”的生产，引发了“社会经济空间”的重构——称之为“空间生产（Ⅰ）”；权力主要作用于抽象的、“政治制度空间”的生产，引发了“政治制度空间”的重构——称之为“空间生产（Ⅱ）”。两者之间是非线性的、相互交织、协同演化的关系（图 3-1）[①]。

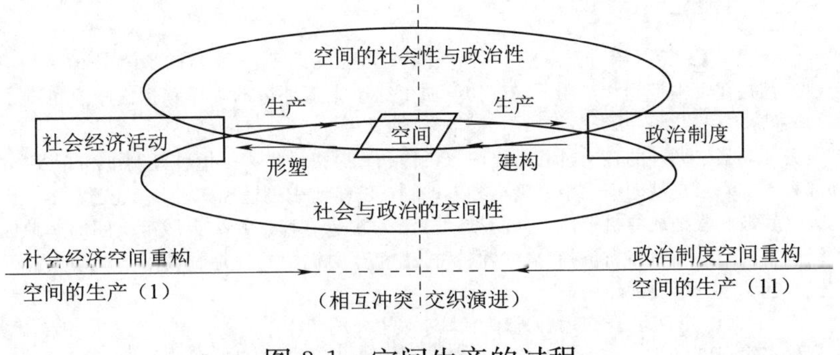

图 3-1 空间生产的过程

资本和权力的结合，使得上述被生产出来的空间建立起符合资本和权力自身特性的秩序，形成了新的空间不平衡和贫富分化格局（空间利益关系发生重构）。为了资本的长远利益和劳动力效能的提升，需要运用“长期式投资”，完成社会公共空间的生产（以缓和空间利益冲突）。于是，社会经济空间、政治制度空间和社会公共空间相辅相成，自成一体，循环地引发新一轮的空间生产（图 3-2）。

①殷浩，罗小龙．资本、权力与空间：“空间的生产”解析．人文地理，2012，27（2）：12-16。

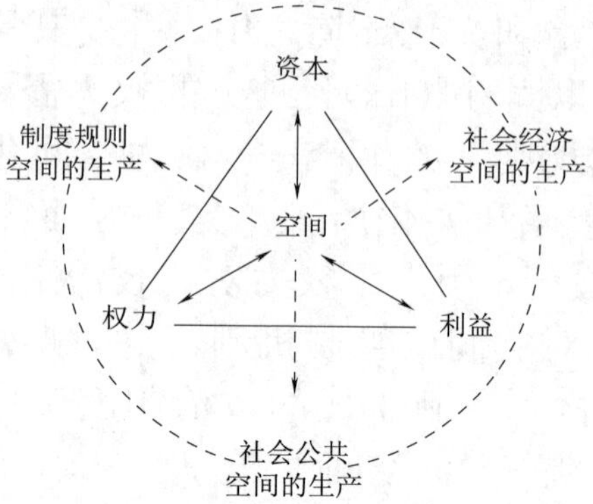

图 3-2 资本循环与多维空间生产

（来源：郭文著．旅游空间生产：理论探索与古镇实践．科学出版社，2014：50）

（2）机制：斗争与和解

David Harvey（大卫·哈维）认为："空间生产"是各种利益主体以空间为对象和载体进行博弈的过程，其中主要包括资本循环①、政府干预②和社会运动③，即空间是资本、政府和社会各种力

①David Harvey（大卫·哈维）从资本三重循环的角度解释资本运动与空间生产的关系：城市的生产和创建过程是在资本控制和作用下的产物（城市这个人造环境的生产和创建本身负载了资本主义的逻辑），是资本积累及不断突破城市空间障碍，进入有利于自己的循环中，即资本的第二循环。资本由初级循环向第二循环的转向过程需要国家机构和金融机构作为中枢神经制度和介入；"新空间关系（外部和内部）乃是从国家、金融资本和土地利益的结盟中创造出来的"。金融资本、土地利益和国家三者之间彼此联结成有机整体，共同推动城市的改造进程，并决定城市空间的其他因素，尤其影响阶级关系的结构和阶级力量的对比。国家机构和金融机构的特性及其采纳的政策对于资本的流动及其流向起着十分重要的作用。

②Manuel Castells（曼纽尔·卡斯特）认为：城市最主要的功能是消费（包括私人消费和集体消费），私人资本无力或不愿从事集体消费品的生产，而资本主义商品生产的本性决定了必然隐藏着劳动力再生产必需商品的供给危机。面对以上危机，政府必须对集体消费品的生产和管理发挥干预作用：ⓐ通过行政措施、税收优惠政策和房屋政策等，鼓励和激励私人资本进入集体消费品的生产；ⓑ使用金融政策（如发行债券用于筹集资金），为私人资本创造良好的投资环境；ⓒ政府直接成为集体消费品的投资者。随着资本的循环和流动，政府在何时、何地以及以何种方式和在多大程度上组织和介入集体消费品的生产过程，必将极大地影响城市空间形态的变动。集体消费品的生产也越来越成为一个政治问题。

③Manuel Castells（曼纽尔·卡斯特）认为：在发达的资本主义城市中，社会冲突不再只是围绕生产阶级而展开，还围绕消费利益群体展开。因此，城市社会运动本质上是广大城市居民自发组织起来对政府城市规划的抵抗。城市社会运动围绕三个方面展开：ⓐ抵抗以利润获取为主要目标，坚持提高城市集体消费水平的城市规划；ⓑ社区文化的创作和认同；ⓒ政治上的自治管理，市民组织具有参与决策权。因此，政治环境、文化领导权、意识形态及权力关系左右着空间的形成、变迁甚至消失；随着各种社会矛盾、社会冲突不断出现，如何以空间正义、空间公平为根本指针反思政府在城市化中的角色及其政策尤为迫切。

量较量、平衡的产物。

（3）产物：命运共同体

经过“斗争”达成“和解”所形成的空间，是各种要素通过相互关联形成的“新的结构”：国家、公司、劳动力、劳工组织、自然、环境等具有内在联系的多元主体（agent）①，在特定的结构关系约束下彼此之间通过相互作用构成了“无缝”（seamless）之网，即具有人文地理学区域传统的地方空间和流动空间被“无缝”地链接成为命运共同体——新的“物质空间、精神空间和社会空间”②。

3）空间生产视角的铁路城镇综合体

从空间生产的视角看，铁路城镇综合体是各类社会关系以及政治、经济、金融和文化政策领域交互作用的网络中心和平台；各种“关系”交织的时机、过程和机制决定了铁路城镇综合体生成的成效。这其中，权力和资本发挥着主导作用，使铁路城镇综合体成为资本、权力、制度、阶层分化塑造的特殊的“关系聚合体”。简言之，铁路城镇综合体是资本和权力合谋出来的成果，是权力和资本角逐的重要媒介。

铁路城镇综合体是权力和资本角逐的重要媒介，意味着铁路城镇综合体是“尺度重组”和“地域重构”相互嵌套而成的结

---

①主体是存在于环境中的一个系统，它通过感知和影响环境，对其他主体产生影响（包括直接限制其他主体的行为），以追求自身目标。主体可以是人、动物、机器人、人工生命体或者软件虚拟人物等。因此，通常所称的主、客体之间的关系，其实都是“主体”之间的关系。考虑到通常对主体、客体已有习惯上的区分，故文中在个别涉及到习惯表述之处仍采用主体、客体相区分的提法。

②资本按照内在的规律在全球进行布局。每一个地方在整个的分工体系中都有了自己的位置，被完全纳入世界性的生产—消费的过程中。ⓐ物质空间。交通网整合起分工不同的空间，使它们连成一个系统，乡郊地带逐渐被纳入城市的腹地，其资源、劳动力、消费力源源不断地输送到城市，成为被城市的资本积累过程所支配以致于被剥削的客体。ⓑ心理空间。全球化霸语权的建构。通过所谓空间关系的合理化和科学化，资本主义把不平等的剥削和统治关系隐藏在意识形态幻想和面纱之中。ⓒ社会空间。生产主体的异化和消费群体的分化。资本和权力寻租、技术异化等手段促成了空间消费主导空间生产新体系的形成；购买了空间产品而且居住于其中的消费主体重新分化与组合，在市场经济条件下分化和固化了社会阶层和利益群体，也诞生了新的社会阶层，导致了社会矛盾的频发。

果[①]。一方面，由于尺度重组，权力和资本进行了结盟，资本和权力彼此联结成有机整体，共同推动城市的开发进程；另一方面，由于地域重构，既有的地理景观和历史形成的空间利益关系受到了冲击，从而诱发了“私权”（private rights）——基于私人名义所享有的各种权利围绕空间利益及其分享格局（空间利益关系）对权力和资本的联盟的反抗和互动（即“斗争”），进而影响到权力和资本联盟的构型和行为（调整策略以应对反抗）。以此反复循环，推动铁路城镇综合体的形成并建构出新的国土空间利益关系。因此，铁路城镇综合体的开发建设是在长时段的地域重构（包括地域化、去地域化、再地域化）进程中的一次地域化（去地域化或再地域化）活动——具有未来导向的、试图改变现状而结局不确定的国土空间开发活动。

铁路城镇综合体形成，表明推动铁路城镇综合体开发建设的“资本和权力联盟”和“地域”在特定的结构约束下彼此之间实现了相互“嵌入”，形成了一种由资本、权力、技术、制度、物质环境等

①资本和地域组织（国家和城市）是相互作用的两个主体。资本要重构地域（地域化、去地域化、再地域化），地域组织则努力改造自身（权力和控制力在地域组织上的变化，即尺度重组），使自己符合资本的要求；地域重构（地域化、去地域化、再地域化）内在地包含于（或包含了）尺度重组（见下图）。

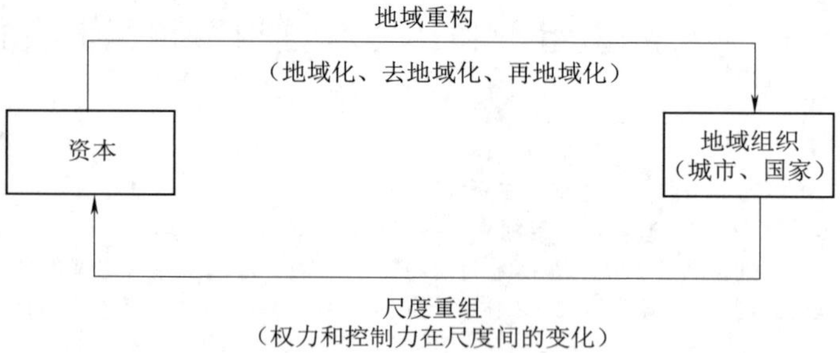

“地域重构”（rescaling of deterritoriality）是一个不断地重复“地域化（territorialization）—去地域化（deterritorialization）—再地域化（reterritorialization）”的过程。其中，地域化：通过相对固定静止的空间设施被创造、调整与转型，使得流动的资本（商品、货币、劳动力等）得以固着（fix），得以顺利地组织生产和赚取利润；去地域化：随着“流动空间”（信息、资本、商品等）的产生，社会经济关系与地方（places）和地域（territoriality）相剥离，行政界限模糊甚至消亡；再地域化：虽然在前述去地域化过程中行政界限变得模糊甚至消亡，但是在新的政治、社会和经济空间中重构新的地域，即通过空间“修复”完成资本的“固着”。

异质性（heterogeneous）要素构成的“命运共同体”（图 3-3）。

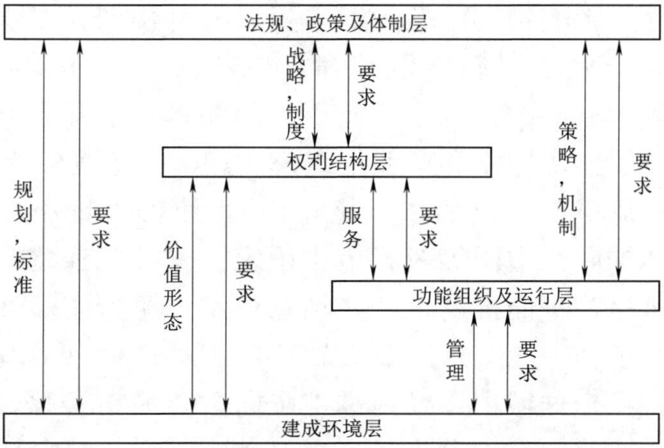

图 3-3 铁路城镇综合体的构成要素及其层次关系

图 3-3 表明，铁路城镇综合体的各个层次彼此之间存在着多对复杂的相互关系，构成一种复杂系统。因此，对于对铁路城镇综合体演化及其性能（performance）的理解不能忽视其作为一种复杂系统所呈现出的复杂性（层次多；层内要素多、要素间的组织关系不唯一且总是处于变化中；其演化结局具有多解性），即开发结局具有多种可能性。

2. 时代背景：理解铁路城镇综合体的战略使命

从空间生产的视角看，铁路城镇综合体开发建设的时代背景具有如下重要特征：流动空间的结构及其对地方空间的作用机制发生了重大改变。

这种改变源自于资本流和信息流的新变化。一方面，资本全球化流动的新格局和信息流动的新机制相互叠加，改变了各种要素在全球范围内流动的方式和速度；另一方面，中国因素（高速交通网络化、资本过剩需要寻求新出路）对资本全球化流动的格局也产生重大影响。

1）资本全球化流动的新格局强化了资本解构和重塑“地方”的能力

始于 21 世纪初，源自于西方发达国家（尤其是美国）的资本“过度空间化”和金融“过度创新”，对全球化的格局产生了巨大而深远的影响：①巨额的资本积累为科技创新提供了坚实的财富基础，开启了以新能源革命、机器人、3D打印、物联网、工业4.0等为核心的新一次工业革命的序幕，引导人类社会趋向于一个全新的能源体制和产业组织模式；②发达国家为化解2008年国际金融危机而推出的“量化宽松”，使得大量流动性通过资本项目被“推向”中国等新兴市场国家，输嫁了通货膨胀，推高了房地产价格，进而推高了企业经营成本，压迫实体经济的利润空间，引发了新一轮全球产业大转移：高端产业（尤其是现代装备工业）将在全球城市体系内进一步向重要城市转移（一部分向中国大城市转移，一部分回流传统工业国家），而中低端产业再次[①]由亚洲中等收入国家或地区，向其他劳动力充裕的发展中国家转移（与此同时，中国沿海大城市的传统产业，将加快向中西部地区，乃至东南亚等地区进行转移）；③进一步完善了金融资本主义体制，使得虚拟经济和实体经济进一步分离（虚拟经济能够支配实体经济，货币金融可以决定实体经济的价格体系和分配体系；大宗商品价格完全被金融化，与实体经济完全脱节），强化了资本解构和重塑“地方”的能力[②]，创新了资本解构和重塑“地方”的方式，如“地方”的发展无法适应这一体制，必将面临难以纳入全球产业分工体系和全球商品服务体系而被边缘化的危险。

2）信息流动的新机制使得不依赖地域集中的新型社会合作模式得以形成

移动应用、云服务、大数据分析，以及与此相关的力量，促

①上一次是1980～1990年，以西方产业资本和市场为主导，以劳动密集和低增值工业为主要领域，以西方向落后或发展中国家流向的有限度的工业产业转移。

②由于金融计算变得如此快捷和准确，可以实现高频程序化交易，支持数十万亿的全球衍生金融交易，奠定了金融市场的宏观套利机制，从而强化了资本在全球化范围内对“地方”的解构能力和重塑能力。

成了不依赖地域集中的新型社会合作模式——“超文本社会”[①]。①传统的商业运作模式发生颠覆式重组，发展出可以超越地理邻近建立联系的产业集群模式，同时又将传统的分散经营的商业活动（如百货公司、小商店）转向了高度集中（集中在几家互联网平台）；②改变了全球城市网络的连接方式，使得不同“地方”的生活方式与美学标准能够实时地相互渗透，“地方”的地理景观异彩纷呈，呈现统一性与多样性并存的格局；③思想和信息的交流与反馈更加便捷和敏感，在全球范围内形成全新的社会结构演进模式。

资本全球化流动的新格局和信息流动的新机制，改变了各种要素在全球范围内流动的方式和速度，“地方”的国土空间组织面临全新的挑战：如何以有形和虚拟的网络为支撑，超越地理邻近建立功能联系和进行功能整合，建构开放的、与全球城市网络相联系的多中心城市空间格局（各个中心之间相互依赖，既竞争又合作，而且相互之间的联系不仅是实体空间上的，也有制度、社会甚至文化认同上的联系），创造适应社会节奏多样化的多用途公共空间（满足移动和静驻随意转换、休闲与工作状态并存的要求），以便于全球化产业体系对“地方”的“嵌入”。

3）中国因素对资本全球化流动的格局产生重大影响

中国因素对资本全球化流动格局的影响源自于如下两个方面：①高速交通网络改变了“地方”纳入全球化产业体系的基础条件；②资本过剩迫切需要寻求新出路。

（1）高速交通网络改变了“地方”纳入全球化产业体系的基础条件。

高速铁路及其他高速交通构成的高速交通网络的大规模建设，

①个体在工作、家庭、休闲、邻里、宗教和社会政治等不同的社会活动层面中自我建设，这些社会活动层面在今天的社会组织中开始分化出来，形成“层化结构”，通过个体在不同层面之间日常的多次往返，将不同的社会活动层面联系起来，即社会个体在不同设置下的实体或虚拟的社会空间中运动着，形成“超文本社会”：人们可以不断地在现实或虚拟的空间中变换角色，可以同时进行多项工作（通过可利用的交通和信息技术实现同步和异步工作）。

显著地改变了国土空间的可达性格局，城市体系将不再是传统的行政区划相连的模式，而是以时距概念体系为视角的通勤圈和发展影响区。从而改变了“地方”纳入全球化产业体系的基础条件。①国土空间结构发展重点由传统的“中心节点”转向开放的“门户枢纽”，大量商务活动以及对时间敏感的产业进一步围绕“门户枢纽”聚集，成为资本的理想固着（fix）地；②重要城市的高速交通枢纽将成为吸引总部经济、金融、创意、信息、会展、商贸产业及文化娱乐活动聚集的“门户枢纽”，形成全新的地理景观和社会空间建构；③城市间的发展比较优势发生重大改变，三大“全球城市—区域”（京津冀、长三角、珠三角）共同引导国土空间构成一个以三大“全球城市－区域”为核心的多轴化、多极化的开放的巨型复杂系统。

可以预见：①未来的5～10年，中国沿海的大城市及中西部的现代装备工业集中的地区，将会是新一轮城镇化和经济高速发展的集中地，将迎来一拨迁移和迁居的热潮，城市扩张与城市紧缩并存；②人口和社会财富向大城市尤其与三大“全球城市—区域”密切联系的大城市进一步集中，地区差距和收入差距进一步扩大，形成更为不平衡的社会空间（也因此有可能导致更为尖锐的社会冲突）；③城市的功能将在高速交通体系支撑的通勤圈范围内进行再分配，某一地区的经济社会活动，不必再局限于以该地区所能提供的资源为基础，而可以通过互惠交换达到对其他地区的资源的优化利用。

（2）资本过剩迫切需要寻求新出路。

改革开放30年来的快速工业化和城市化，资本主要在基本回路和第二回路中循环，并形成了巨额的财富积累。但是，①近年来市场的萎缩和资本全球化流动导致的流动性输入，加剧了资本的过剩[①]和资产价格的泡沫化；②2008年之后低效率的投资“狂飙

①中国银行业自金融危机以来的5年期间里新创造了15万亿美元贷款。

突进”制造出巨大的过剩产能，使得资本的利润创造能力持续下降，并造成了严峻的债务危机；③2014 年房地产市场的降温进一步加剧了资本的相对过剩[①]。与此同时，我国存在着通过金融创新解决基础货币供应问题的现实需要[②]，即基础货币发行方式需要从“外生性供应”转向“内生式供应”：通过资产证券化、债务证券化以及金融机构之间对这些证券的各种交易来创造货币供应。

因此，需要为过剩资本寻求新出路：①从“第二循环”向“第三循环”迈进，寻找新的利润增长点（如，投入科技创新和体现社会福利性质的领域[③]），促进经济增长模式转型；②向外转移扩散，包括对外投资和产能转移（如，成立亚投行、实施“一带一路”战略），并进一步向国际金融体系的顶端上升（如把人民币作为国际货币基金的储备货币）。与此同时，需要以金融创新解决金融问题（化解债务危机、创造货币供应）。

通过以上分析，可以得出判断：①“地方”的分化发展将进一步明显，为应对这一挑战，需要通过制度、社会和文化的建设，依赖高速交通体系（包括实体交通和虚拟交通），形成与全球城市体系联系更为密切的网络化国土空间系统和适应新型社会合作模式的地方空间，强化“地方”发展与全球产业体系的相互“嵌入”；②为应

---

①事实上，中国的房地产业发展已经可以说是进入存量房时代：中国人户均房子套数是 1.03 套（只不过城市间有不平衡）。其他因素的共同作用也决定了不宜对于新开发项目进行大投入：ⓐ城镇化减速：预计 2013～2020 年城镇人口占比攀升 6.3 个百分点，低于之前 7 年的 9.4 个百分点（政府工作报告）；转向于人的城镇化（重点是已经进入城市而未享受城市福利的约 2.6 亿人如何获得城市福利；聚焦于棚户区改造；聚集于配套设施完善）。ⓑ人口拐点（老龄化）：5 年内老龄化爬升快速出现（20～29 岁婚龄人口慢慢减少，15～64 岁生产力人口呈下降状态，55～64 岁人口快速上升）；2015 年购房适龄人口达到峰值。ⓒ去库存压力大：1964～1970 年第一次生育高峰和 1985～1991 年第二次生育高峰人口都已解决了住房（第二次生育高峰人口在父母推动下提前入市；第一次生育高峰人口已解决了改善型居住）。

②2001 年以来，我国主要通过央行向其他存款性公司购买外汇占款来投放基础货币（“外生式”基础货币供应方式）。但是，自 2011 年四季度以来，受人民币汇率高企、国内生产成本上升而投资回报率下降、部分制造业分流其他新兴市场国家或回流美国，导致我国新增 FDI 增长空间有限；加之美元流动性收紧、我国居民开始增加外币存款等外币资产头寸和国家对外投资规模持续扩大而增加了资本项目下的资本输出（未来我国资本输出规模随着“一带一路”之类计划的实施还会增大），这些，导致了新增外汇占款规模呈下降趋势且波动很大，使得外汇占款这一基础货币供应的主要渠道趋于枯竭。

③2015 房地产新领域也体现了这一趋势：海外地产、智能社区、养老社区、物流地产、地产金融理财产品、停车场。

对过剩资本面临的多重挑战，“地方”既需要通过理念创新和新技术应用，筹划适宜资本固着的新投资领域（支持科技创新和体现社会福利），又需要通过制度创新，构建适应资本在新的回路中循环的利润实现机制（如，PPP、资产证券化）。

相应地，铁路城镇综合体的战略使命是：①支持国土空间重构。铁路城镇综合体作为国土空间重构的战略型节点，应该基于全球化视野，营造独特的地域文化现象和空间组织，促进产业分工及互补，引导和支持全球化生产网络的地方“嵌入”。②支持资本寻求新出路。铁路城镇综合体的开发建设应着眼于培育“地方”的可持续性竞争力，重点投入支持创新的空间（如，创意园区、新型产业综合体）和引导消费的社会福利项目（如，旅游度假、养老地产、智慧社区、文化地产、棚户区改造，等），并能够将新技术（智慧、低碳、健康，生态、物联网，等等）应用结合在空间设计中，能够以体现金融创新的方式解决投融资问题。

以上是“37 号文”明确提出“支持铁路建设与新型城镇化相结合”的意义所在[①]和内涵展示。这也意味着，中国铁路总公司需要扮演更为重要的角色。

3. 关系分析：理解铁路城镇综合体的组织逻辑

铁路城镇综合体是在多层次权力（国家和地方）、多类型资本（金融资本、产业资本）以及多场所的大众阶层的相互作用下产生的。因此，铁路城镇综合体是具有不同利益诉求[②]的参与行动者

①《国家新型城镇化发展规划（2014～2020）》中，新型城镇化以民生、可持续发展和追求质量为内涵。具体来讲，新型城镇化追求产业、城市、人的融合发展：ⓐ人的城镇化：围绕人的需求，完善和提升生态环境、生活品质、配套设施和特色文化建设；完善教育、就业、住房保障和社会保障；落实公平公正，实现公共服务均等化，造富百姓和富裕农民。ⓑ功能的城镇化：以基础设施、公共服务、社会经济能力、城市文化、城市生态环境等方面的完善和提升，对城市功能进行全方位、多维度和系统性的优化和升级。ⓒ产业的城镇化：以产业发展作为基本的动力，增强知识和创新动力，推动城镇产业的培育和升级，逐步形成大中小城市和小城镇、城市和农村合理分工、特色突出、功能互补的产业发展格局。

②主要的利益诉求：中央政府——实现全国均衡发展；地方政府——政绩＋土地财政收入最大化；个人（市民）——效用最大化；企业——投资回报率最大化；第三部门——社会资本最大化。

（可能是个体的人，也可能是具有共同利益和行为模式的群体或集团）通过有目的的社会性“行为”——各种力量之间通过较量、权衡和折中而达到的一种利益契合状态，这表明，铁路城镇综合体的组织逻辑是“治理”(governance)而非“管理”[①](management)。

由于地方空间趋向于受流动空间的逻辑支配，不同尺度的地理空间形成了与行政区边界无关的组织体系，从而提出了跨行政区划协作的要求。也即是说，应通过“横向协作、上下互动”的方式实施关于铁路城镇综合体开发建设的决策：从纵向（既有行政机构的中央—地方之间的向度，也有中国铁路总公司—基层铁路运输企业之间的向度）和横向［既有地方政府—地方政府之间的向度，也有公共机构（包括政府、社区力量、第三部门）—私人机构（包括企业、个人）之间的向度］两个维度搭建伙伴合作关系（图 3-4）。显然，这是一种多结构（包括：技术治理、社会治理、经济治理）、多层次网络治理体系，能够产生网络治理效应（即网络治理可以创造价值），并让主体分享网络治理剩余（即分享网络治理创造的价值）——主体之所以有积极性并能够持之以恒参与网络治理，在于可以分享网络治理剩余，如图 3-5 所示。

网络治理发生作用于一个特定的时空范畴——铁路城镇综合体生成涉及的各种关系进行交织的“空间”。从空间上看，体现为铁路城镇综合体开发建设的用地范围，及其关联的区域（用地范围以外的受影响区域或对铁路城镇综合体开发建设产生影响的区域）；从时间上看，体现为铁路城镇综合体的开发时机和开发经营活动延续的时间（如，所处的时代背景、市场状况、开发周期等）。

---

①“治理”是多向交叉地通过制度设计和组织运行规范，使开放系统中的任何一方，都在制约他方的同时受到他方的制约，即互相监管，而“管理”意味着要建立层级节制的权力机构和指挥统一的命令系统，制约关系一般是单向的，并且是自上而下的。“治理”关注的是系统“向何处去”的大方向问题，因此，“治理”的无效也就导致系统内部的“管理”行为的最终无效［见：刘戎．社会资本视角的流域水资源治理研究[D]．南京：河海大学，2007］。

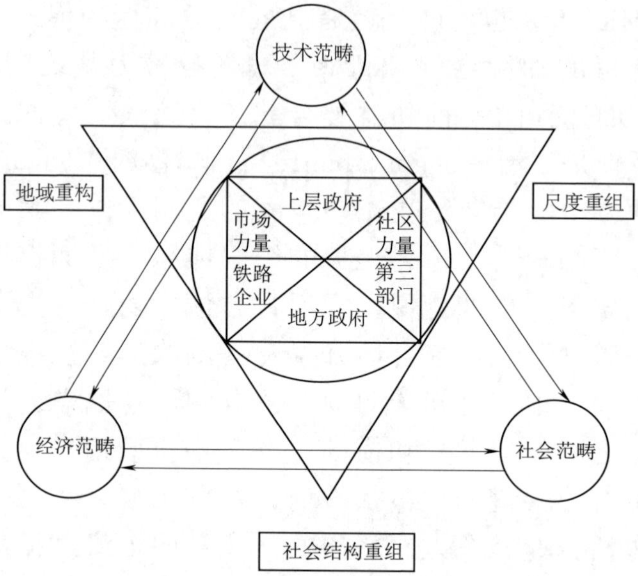

图 3-4 铁路城镇综合体网络治理解释的概念框架

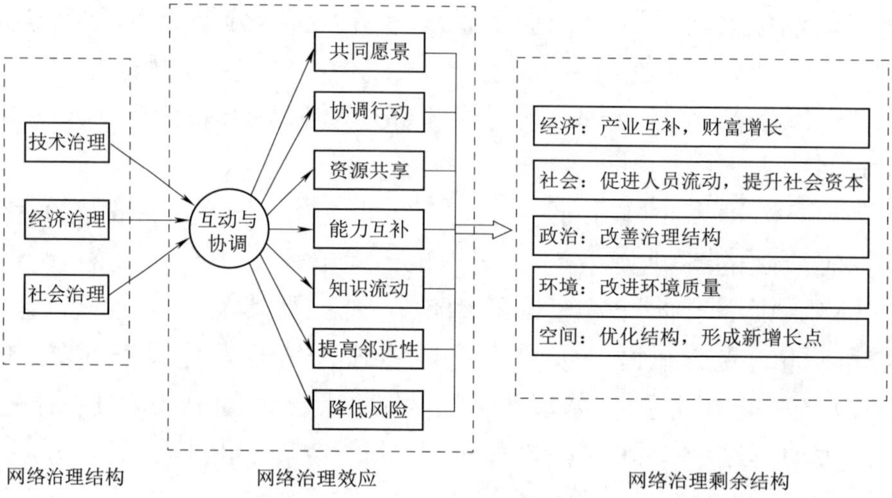

图 3-5 铁路城镇综合体网络治理效应及剩余结构

由于存在外部性（externality），在一些地方（或主体）获益的同时，另一些地方（或主体）可能利益受损（或付出没有得到相应的回报），所以网络治理体系得以运作的关键在于如何维护公平正义，即，公平正义构成铁路城镇综合体的参与行动者进行利益博弈的“底线”。

在开发建设过程中，铁路城镇综合体不是已经存在的事态，而是主体通过有目的的社会性“行为”而建构出来的事态。因此，铁路城镇综合体的“治理”是一种主客体相互建构的过程：“客体”在约束“主体”的同时，“主体”也在建构“客体”本身，这种互动需要经由一个特定的场域（field）[①] 展开。由于存在各种错综复杂因素的交织和协调，使得主客体相互建构不可能是一个线性演化的过程，而是一个动态的、反复的、混乱的过程，即演化过程具有多个环节，结局具有多种可能性（非线性）。因此，需要事先给出清晰的行动目标和行动路径，引导和约束各参与者的行动；同时对各个环节的行动进行持续的检讨和改进。

可见，铁路城镇综合体不是一般意义的房地产项目，而是空间组织、产业演替、社会网络重构、交通设施建设、公共政策制定、体制机制建构和市场运作等要素的系统集成，有其复杂性。因此，对于铁路城镇综合体开发建设，不仅要抓好系统管理（综合集成），更应重视复杂性管理（发挥自组织的作用）。

4. 复杂性辨析：理解铁路城镇综合体的重要特性

铁路城镇综合体除了具有复杂系统的基本属性（如，涌现性、自组织性等），还表现出如下重要特性：多结构性、网络依赖性、非完全整合性、多演化形态性。

1）多结构性

铁路城镇综合体具有多种结构：物质结构、感知反应结构和信息结构（图 3-6）。

（1）物质结构。物质结构由铁路城镇综合体的各种有形要素

---

①主客体相互建构的过程的相关因素不只是技术或理性，还包括利益（动因）以及行动者进行行动需遵循的“边界”、“讨价还价机制”、凭借的“资源”、“策略”等，这些要素共同构成一种“议事网络”——主客体之间相互建构的场域。场域的重要特征是它为场域中各行动者及其拥有的资源提供相互竞争、比较和转换的一个必要场所；反过来，场域本身的存在和运作，也只能靠各种资源的反复交换和行动者的竞争才能得以维持。

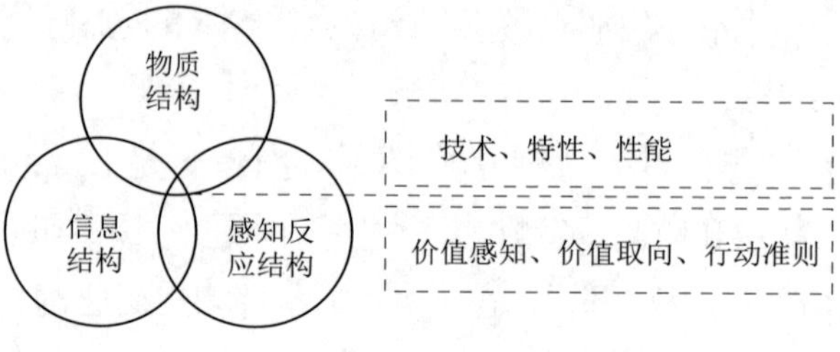

图 3-6 铁路城镇综合体的多结构性

所形成，反映了各种有形要素联结成为物质结构（实体的铁路城镇综合体）所依赖的技术要求及表现出来的特性（features）和性能（performance）。

（2）感知反应结构。感知反应结构是主、客体之间相互作用的方式与过程[①]：①主体关于客体的价值感知（对铁路城镇综合体的性能价值、意像价值和场所价值的感知）[②]；②主体为促使客体（实体的铁路城镇综合体）形成所遵循的价值取向（如何才是好的铁路城镇综合体）和行动准则（人们应该遵循何种规则去促成铁路城镇综合体）。

（3）信息结构。信息结构是主、客体之间联系的中介，作为铁路城镇综合体生成过程中的沟通机制，通过各种信息的一体化管理，促进铁路城镇综合体生成过程中主客体相互建构效率的提高。

多结构性表明：需要将多种结构各自在促使铁路城镇综合体生成过程中所发挥的作用作为一个整体进行研究。具体来讲，①物质结构的性能体现各种要素配置的效率；②各种要素配置效

①感知反应结构具有二重性：感知与信息相对应——客体以何种信息方式被呈现于主体的面前，都会影响到主体的决策；反应与物质相对应——客体的状态和行为与主体的作用方式和强度之间的关系。因此，这三种结构往往是紧密结合在一起的，并且由感知反应结构主导。相应地，系统中存在着三种流：物质流、信息流和感知反应流。其中，感知对应于信息，反应对应于物质或能量；当不发生反应时仅显示信息流。

②对应于空间的三重性，本研究认为，对于空间价值的评价（即价值感知）包括三个层次：ⓐ性能价值（反映铁路城镇综合体的功能结构和品质特性）；ⓑ意像价值（反映人们关于铁路城镇综合体的心理认同程度和可达性）；ⓒ场所价值（反映铁路城镇综合体能支持的生活方式的体验，包括生命质感的体验、自我价值的体验，以及产业固着（fix）的程度）。

率的高低取决于感知反应结构的有效性；③感知反应结构是否有效取决于能否充分运用各种信息。

2）网络依赖性

一方面，由于铁路网络的链接，各个铁路城镇综合体之间功能各有侧重，互为补充，协同演化，形成一种网络化的相互依存关系①，链接成为一种复杂网络系统。另一方面，由于信息网络的链接，城市与国家疆界以外的"地方"产生更为密切的联动性，"地方"需要在全球城市网络中寻求其定位，在全球竞争中构建地方化的生产体系，铁路城镇综合体也因此需要以全球驱动或地方驱动为主导，以强化"地方"对于全球城市网络的依赖性。

网络依赖性意味着：①站点地区的开发受制于站点在铁路网络中的位置（如位于骨干网层次的站点，其定位、功能结构和开发规模，显然有别于普通网层次的站点），即站点地区的开发受制于线路（点—轴）的开发；线路（点—轴）的开发受制于点—轴所构成的网络的开发；网络的开发受制于国土空间开发战略（因此，必须将铁路城镇综合体和国土空间规划结合起来，或者说国土空间规划是铁路城镇综合体的顶层设计）；②需要从全球经济一体化网络的层次上考虑铁路城镇综合体的功能定位和业态选择，必须打破距离的束缚，根据所在城市的实际情况及其在全球化城市网络中的位置和联结情况，促使不同发展历史和文化的区域间各种设施的合理配置和有效使用，协同发展。

3）非完全整合性

铁路城镇综合体是车站和周边地区通过相互作用而达成整合（integration）的结果，但由于如下原因，使得两者之间的整合难以完全达到彼此之间应有的互为依托、协调运作的状态——非完全整合性（ill-integrated）②：车站建设和周边地区开发涉及的参与

①这种相互依赖关系不仅存在于作为客体的各个铁路城镇综合体之间，而且各个铁路城镇综合体开发建设的主体之间也建立起网络化的相互建构关系，并使得各个铁路城镇综合体开发建设的主体和各个铁路城综合体客体之间也建立起网络化的主客体相互建构的关系。

②与整合相对应，"非整合性"可以界定为"整体与部分之间未达到彼此之间应有的互为依托、协调运作的状态，或者说是某些部分未能对整体功能做出预期的贡献"。

行动者之间存在价值观、认知能力、利益诉求，以及参与行动者进行行动所遵循的规则（如，规划管理、土地资源管理、工程设计审批及建设管理、技术要求）的不一致，导致目标的认同存在分歧，以及在决策和行动过程中存在不一致。

“非完全整合性”体现在多个方面：①空间组织上难以完全做到“无缝衔接”和协调匹配；②时间安排上难以完全做到“同步用地、同步规划、同步设计、同步施工、同步运营”以及土地价值的同步实现；③功能安排上难以完全做到交通功能和城市功能协调匹配，功能定位和时代要求协调匹配，等等；④利益协调上难以完全做到整体利益（公共利益）和局部利益（个体利益）相一致。

非完全整合性意味着：铁路城镇综合体开发建设其实就是一个促使“非整合”趋向“整合”的过程，其结局具有多种可能性（既可能“整合”，也可能“非整合”，多数情况下介于两者之间，即“非完全整合”）。因此，①检验铁路城镇综合体开发建设效果的准则只能是“参与行动者一致满意于何种整合程度”而非“完全整合”；②必须从“总体”（overall）而非“整体”（whole）的角度设计铁路城镇综合体的生成机制，即从“追求整体功能最大”改为追求“总体功能最优”［总体功能＝整体功能＋部分功能（独立功能）］，从单纯强调“部分服从整体”转变为“为了总体的利益［总体利益＝整体利益（公共利益）＋局部利益（个体利益）］，整体也可以做出牺牲”；③必须基于“底线优先”，而非“目标导向”思维推动铁路城镇综合体开发建设。

4）多演化形态性

铁路城镇综合体开发建设包括了“占有土地”、“建造空间”、“装饰空间”和“空间消费”等“过程”（process）。每个“过程”都因为要素聚合方式的不同而呈现出不同的演化形态。不同“过程”需重点解决的核心问题的特性和工具不一样。

（1）占有土地。权力和资本依据土地的区位效益，通过外域扩张和内城改造实现对土地的分割和占有，核心任务是化解重构空间利益关系过程中的冲突。因此，这一“过程”的演化形态是“空间利益协调”：通过化解利益冲突，使参与者的行动目标趋于协同。

（2）建造空间。核心任务是，既要拓展道路、楼房建设以及娱乐设施和公共生活设施，又要营造场所（place），使场所直接与个人资本和利益相联系，创造差异化的社会关系。因此，这一“过程”的演化形态是进行“空间塑造”（既建造物质环境，也营造场所）。

（3）装饰空间。核心任务是，以营造独特的地域文化现象和空间组织特性为途径，营造与时代相适应的地理景观、发展定位和业态选择。因此，这一“过程”的演化形态是给空间贴上“空间符号”。

（4）空间消费。通过制度创新和促使地方专业化发展，促使地方空间和全球网络在功能、制度、社会甚至文化认同上的联系，便于全球产业体系对于地方空间“嵌入”。因此，这一“过程”的演化形态是“空间营销”。

多演化形态性意味着：应针对铁路城镇综合体开发建设的不同“过程”，相应使用更具针对性的“策略”或“方法”来解决不同演化“过程”的核心问题。这一系列“策略”或“方法”应该作为一种“绩效改善机制”贯穿于铁路城镇综合体开发建设的整个“过程”和各个重要环节。

3.2 建构铁路城镇综合体

任何事物都是一种“结构性存在”，由一种“状态”过渡到另一种状态必然伴随着“结构”的变化。因此，可以根据“状态”变迁的逻辑线索，对铁路城镇综合体进行建构：铁路城镇综合体的构成要素在某一种驱动力的推动下，在某一种时空范畴内，因应某一种机制的引导，从某一种“状态”转换为“新的状态”（图 3-7）。

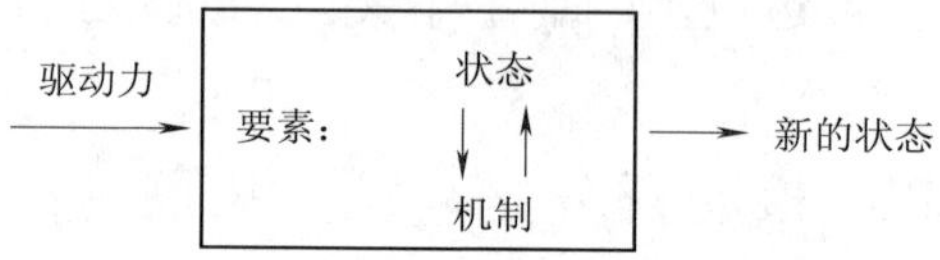

图 3-7 铁路城镇综合体的建构逻辑

1. 驱动力

显然，“权力”和“资本”共同构成了铁路城镇综合体的驱动力。但在现实中，对于重大开发建设项目，“权力”的作用更具决定性。这是由于：①城市的本质就是一种“权力聚合体”。城市是聚集与分化的矛盾统一体（一方面大量人口以及人类的各种活动、信息的聚集；另一方面，聚集的同时伴随着急剧的分工与阶层分化），其核心与关键在于组织管理权力的集中，即城市本质上是一种有效率或高效率的组织管理方式，即“权力聚合体”。②中国的地方政府本身就是一个规模庞大的垄断性公司，不仅掌握大量资本，同时还拥有几乎不受约束的行政力量，能够将乡村从原先简单的城市用地扩张转为更加全面的空间控制（增减挂钩、土地流转、产品下乡、农民上楼，等等）。③在中国，空间生产现象兴起并非完全是资本过剩和劳动力过剩，更多情况下是“权力”的推动，即便在那些生产力水平低下、工业化处于初步阶段的地区来说，新城建设也是如火如荼，有悖于资本运行的规律，而可能更多是制度环境变迁（特别是财税体制改革导致依赖土地财政、GDP 考核机制）所驱赶。

因此，本研究中，以“权力”作为铁路城镇综合体开发建设的第一驱动力，“资本”作为权力的伴随行动者。

2. 时空范畴

铁路城镇综合体的构成要素需要在一定的时空范畴内进行交

织结成联盟（形成铁路城镇综合体的定位、选址、规模、形态和业态选择）。这一时空范畴具体由权力逻辑①、资本逻辑②和技术逻辑③共同限定。即，铁路城镇综合体在“何时”和“何地”，以何种“定位”和何种“规模”发展起来，取决于三种逻辑的综合限定作用（图 3-8，表 3-1）。

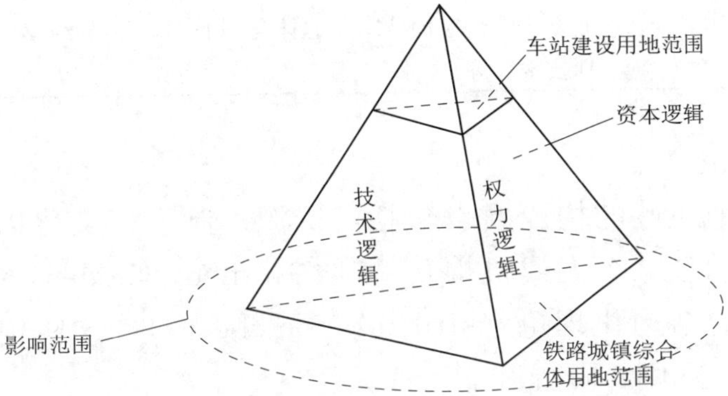

图 3-8 铁路城镇综合体演化的时空范畴

表 3-1 铁路城镇综合体演化的时空范畴

维度	限定的类型	要求
时间	资本逻辑	开发时机（新开发、再开发）、功能定位和业态选择满足资本循环规律
	权力逻辑	支持国土空间重构，支持资本新出路（过剩资本循环升级、转移扩散）
	技术逻辑	体现技术进步（低碳城市、智慧城市、健康城市等技术的应用）

①权力追求两个目标：一是整个社会福利的最大化（有利于长期统治），一是统治者的租金收益最大化（往往会损害个人的福利，并且政府本身具有自我膨胀的倾向）。

②资本逻辑的涵义是：资本支配社会资源流动，分配社会财富，组织社会的扩大生产，使整个社会组织成为追求资本增值的机器。在资本逻辑推动下，承载人们经济活动的介质，由体现物质关系的自然空间向体现价值关系的经济空间转换。

③技术作为社会的技术（包括物质技术、管理办法、合理的生产组织等），其选择与存在由资本逻辑决定；技术的存量与形态并不以资本的扩张欲望而转移，强调技术的发展规律。

续上表

维度	限定的类型	要　求
空间	资本逻辑	让资本实现“嵌入”地方的区位要素（包括制度、文化、人口、产业、基础设施等）
	权力逻辑	均衡国土空间发展，形成布局合理、可持续发展的空间体系
	技术逻辑	应用适宜的技术（如，铁路建设技术、场地建设条件、多交通方式整合应用技术、立体化设计技术、节约集约使用土地规划技术，等）

3. 构成要素

某一个地域的构成要素包括：资源、制度、文化以及活动于其中的行动者（个人或机构）。按照 Anthony Giddens（安东尼·吉登斯）的结构化理论（structuration theory），这些构成要素可以概括为：规则、资源和能动性。

（1）规则

“规则”是行动者能理解、能共享的“共同知识”，包括：①认知性（cognitive）规则——行动者共享的价值观、认同（identities）、知识、信念或习俗（包括例行公事、习惯、惯习、心态等），其作用在于，使行动者在社会活动过程中达到认识上的一致，并在公认的价值观引导下开展行动；②规范性（normative）规则——具有对行动者的行为施加限制，但也赋予一定的权力与促进行动（enable）的作用，既包括标准（如技术规范、设计标准等），也包括行政决定、部门技术性文件、管理流程和许可程序等；③规制性（regulative）规则——具有对行动者“规整”、“制约”和“使有条理”的含义，具体包括：诱导、管制和法律措施。

（2）资源

“资源”是权力的作用得以实施的媒介，包括“配置性资源”和“权威性资源”两种。前者体现行动者对自然世界所具有的控制能力，包括：①环境的物质特征（基地的地理自然条件、社会物质条件）；②手段（表现为在目标制定、建立行动方案和规划实施过程应用的技术或工具）；③产品（产品的控制能力来源于行动者具有的使用产品、对产品的品质、规模等性能指标提出要求的权力）。后者是行动者对人类自身所具有的控制能力，包括：①组织资源[如组织化权力（如土地征收权等）、法定影响力（如土地权属、城市规划土地利用规划及其他与城市建设有关的法律法规和规定）、群体等]；②经济资源（如财富、资本）；③文化资源（如基于名誉的影响力和权威、人际关系、公共舆论等）。

（3）能动性

"能动性"是指具有行动能力的个人（通常包括：行政官员、技术专家或其他相关的个人）或法人（通过个人将其权利转让给一个共同的权威机构而形成，其行动目的是为这些个人谋取共同利益。通常包括：政府、社团组织、市场企业、咨询服务机构等）。无论是个人还是法人，①自利是其行为的基本出发点，都会因为其自身的利益等原因，对其他行动者发挥制衡或支持作用；②行使权力时，既遵循"规则"，也可以根据实际需要和变化了的"状态"通过协商对"规则"进行调整以利于其自身利益的保障（无论是公共利益还是私人利益）；③权力既可以通过利用"规则"或"资源"行使，也可以受制于"规则"或"资源"。

4. "状态"及"新的状态"

根据 Anthony Giddens（安东尼·吉登斯）的结构化理论（structuration theory），宏观结构化制约——结构和微观能动性（agency）相互建构——"结构"在约束"能动性"的同时，"能动性"也在建构"结构"本身——而形成"状态"。

表达为：

$$状态=f(\{规则、资源\}，能动性)$$

式中：f 作为"状态"的阐释函数，表达"规则"与"资源"和"能动性"之间的组合法则。

当新的状态呈现时，表明"规则"与"资源"和"能动性"

之间的组合法则发生了改变，即

$$新的状态 = f'(\{规则、资源\}，能动性)$$

“新的状态”呈现，表明：国土空间发生演化，逐渐形成以铁路车站为核心，以铁路线路为廊道的以“多层次、多核、多轴”为主导趋势的空间演化模式，使得城市及其区域不再是传统的行政区域相连的模式，而是一种由流动空间主导的城市网络，并使得基于纵向为主的等级化联系的城镇体系布局被横向联系和纵向联系都得到加强的多中心网络嵌套式的空间结构所取代。

按照系统论的观点，这一系统具备两种重要的特性：①“形成网”的整体性，即系统各个要素之间通过相互作用形成一个和谐的“网”——由“节点”及其相互联系构成的网络系统，并呈现出涌现性，因此不能将铁路城镇综合体简单地理解为铁路和土地开发的线性相加；②“部分转换”的多样性和复杂性，即只要改变系统中的某一个部分（系统的支配力量），就可能带来与以往不同的结构，因此，研究铁路城镇综合体何以形成，不能忽视决定其演变的支配性力量——流动空间的各种“流”[①]。

5. 机制

铁路城镇综合体开发建设除了设计建造及与营运外，还需要整合交通建设与地区发展的目标，协调公共利益与个体利益的冲突问题（图 3-9）。由于各种错综复杂的因素的交织和协调，使得铁路城镇综合体开发建设“像一条螺旋线而非直线，是一个动态的、反复的、混乱的系统，除了源于工程本身的不确定性风险和市场风险外，与政治、经济、社会等相关联的社会风险是最主要的”。因此，铁路城镇综合体开发建设的动因、价值导向、方式和途径显然不同于一般意义的房地产开发项目。

---

①Manuel Castlles（曼纽尔·卡斯特）认为，流动空间主导和塑造着网络社会，使得社会的功能和权力在流动空间中进行组织，因此流动空间逻辑的支配地位从根本上改变了地方的意义和动力。

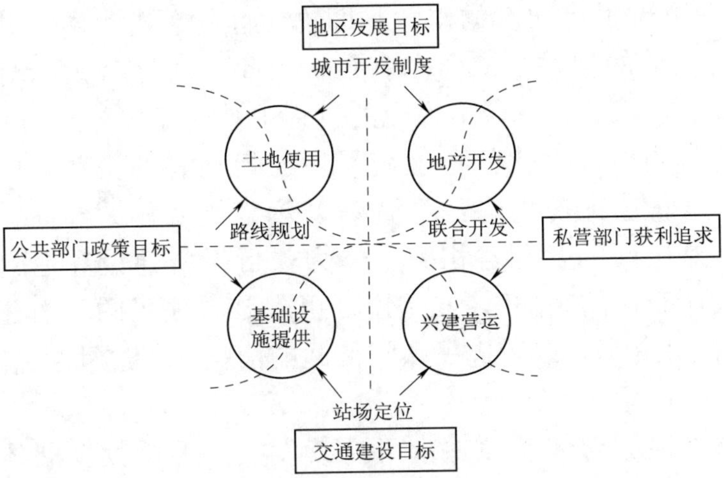

图 3-9 铁路城镇综合体的形成机制

(1) 动因：合作剩余[①]（cooperative surplus）最大化

铁路城镇综合体的生成过程是一个参与行动者通过对现实世界（既有状态）进行提升（改善既有状态）的过程，铁路城镇综合体就是由参与行动者通过互动而创造出来的一种结果。参与行动者进行互动的“目的”是形成一个“更有”价值的世界（这里之所以强调“更有”，是因为参与行动者所面对的世界——无论内心世界还是外部世界——是一个已“有价值色彩和价值负荷的世界”)，并在此过程中最大化个体的“能力与资产”。其中，“能力”是内心世界向度的得益，社会资本（social capital）性的利益[②]；

①合作剩余是当代道德哲学家所常使用的一个概念，是指合作者通过合作所得到的纯收益即扣除合作成本后的收益（包括减少损失额）与如果不合作或竞争所能得到的纯收益，即扣除竞争成本后的收益（也包括减少损失额）之间的差额。合作剩余是组织存在的内部原因。这是因为，人一方面受分工的影响而形成不同专业，这为与他人合作提供了条件，另一方面人又是社会的人，这为与他人合作而提出要求。因此，人与人之间借助组织的合作能够产生“合作剩余”，即通常所说的 1+1>2。

②社会资本性的利益既包括因知识共享和知识创新而生成的新“知识”“技术”、“竞争力”与新行为“属性”，也包括规划主体通过“信任”、“协作”以及“社会网络”的整合而发展出来的新“社会资本”。社会资本性的利益由于可以改变主体自身的社会资本与行为过程，而成为一种最重要的激励主体参与行动的“隐性利益”。这是由于，人所追求的“利益”不仅包括物质财富、货币收入等经济利益，也包括因参与行动而获得的创造性，以及社会地位、声望、尊重等非经济利益。

"资产"是外部世界向度的得益，即物质性的利益，两者共同构成个体参与互动的得益——合作剩余。因此，铁路城镇综合体是在参与行动者追求合作剩余最大化的过程中被"建构"出来的。

从合作剩余最大化的角度衡量参与行动者的得益，体现了一种新的开发价值评价理念：不简单以效益最大化为导向，更应该关注"微观层面的各利益相关主体为项目投资建设和运营所付出的代价及所获得的收益"，或是说，更应该看项目的开发建设是否"提升了社会资本，以增进民众间彼此的信赖或促进社会公平性"。

（2）价值导向

铁路城镇综合体应该追求可持续发展。可持续发展体现了经济、社会、环境的可持续发展。这三个方面有着不同的逻辑，相互冲突。因而需要将之整合在一起，形成铁路城镇综合体开发建设的价值导向。

可持续发展价值观落实到空间生产上，体现为一种基于空间正义[①]（spatial justice）的空间生产模式。

对于铁路城镇综合体开发建设，强调空间正义更具有迫切性。①铁路城镇综合体是新型城镇化的重要凭借，如何开发建设，很大程度上关系到"地方"的城乡差距能否缩小，能否保障国家跨域中等收入阶段[②]。②高铁迅速网络化（同时和其它高速交通网络发生叠合），在极大地改变可达性格局、加快生产要素集聚的同时，也极大地加剧了地区不平等和社会空间不平等，放大了社会

---

①洛杉矶学派的索亚于2010年提出了空间正义的名词。索亚指出，空间正义并不是任何空间形态或模式的替代，而是提出对不正义的空间性（spatiality）进行深入批判的视角。即运用空间正义批判性视角要强调三点：一是强调更加平衡、辩证的社会和空间的因果关系；二是正义应该对社会福利和不平衡的地理分布进行自由表达，对不正义的城市发展进行批判来表达；三是通过集体行动的倡导，为弱势阶层获得空间正义的行动。我国学者任平对空间正义进行了定义：所谓空间正义，就是存在于空间生产和空间资源配置领域中的公民空间权益方面的社会公平和公正，它包括对空间资源和空间产品的生产、占有、利用、交换、消费的正义（任平．空间的正义——当代中国可持续城市化的基本走向［J］．城市发展研究，2006，13（5）：1-4）。

②新型城镇化的核心任务是提供占我国人口三分之一（我国现在名义的城镇化率刚过50%，而以城镇户籍人口统计的城镇化率还不到40%）的农民工及其家属子女能举家融入市民阶层的生活环境（没有人的城镇化，人力素质改变不了，中产阶层扩大不了，城乡差别缩小不了）。

冲突发生叠加效应的风险。这两个问题如处理不妥，只能靠拼命追加投资，依赖赤字和债务扩张来保增长。这样债务链就会越来越长，全部压力最终就会转到金融市场，转到通货膨胀和币值稳定上来。③为适应人才、资源、财富的聚集，打造城市和区域的增长极，当前由精英主导的高铁站点地区开发规划，通常按照权力精英的审美取向将站点地区塑造为一种精英空间（倾向于在相对隔绝的空间内集中了优质的居住、办公和休闲空间，而且便于聚集艺术、文化和娱乐功能），忽视了大众的审美取向，缺乏考虑人数庞大的社会底层群众的需求，事实上对社会进行了隔离。可以说，这种规划设计背后也隐藏着更大、更深刻的社会不公。

（3）方式："他组织"与"自组织"协同演化[①]

一般而言，"自利"是参与行动者（无论是个人还是法人）进行行动的基本出发点，其参与行动的动机具有"多元、复杂和动态"的特性（既追求"自利"即"个人利益"，也会在某些文化、舆论以及社会道德等因素的影响下追求"他利"即"公共利益"），并且由于参与行动者往往会从自己的认知和利益对开发建设对象进行感知和期望，使得开发建设铁路城镇综合体的空间利益关系重构且未必会趋向于公共利益最大化。因此，需要建立系统化的调控和制约机制对参与行动者的行动进行自上而下的控制和引导。也即是说，铁路城镇综合体的开发建设过程应是一个"他组织"和"自组织"协同演化的过程：参与行动者依赖"规则或制度"进行行动，并在行动过程中通过互动和协商，协商出彼此都能接受的角色定位，创造出大多数参与行动者主导且各个参与行动者都可以接受（或者必须接受）的"规则或制度"。

因此，对于铁路城镇综合体开发建设，不仅要关注其发展过

①他组织是一种建立在人类意志、价值观基础上的，试图使系统偏离目标的变化控制在允许范围之内的人为干预，是一种自上而下的空间组织机制，其运作过程具有如下特性：显性、阶段性、完善配套性、整体受控性；自组织是一种多因子共同作用，相互关联、相互制约的自下而上的空间组织机制。其运作过程具有如下特性：隐性、永久性、进化性、自主随机性。

程中各种技术要素的合理匹配，更要重视建立和不断完善包括针对参与行动者进行行动的保障、控制和激励措施在内的行动方案及制度安排。

（4）途径：利益整合

合作剩余最大化，是基于新的价值被创造出来的。因此，合作剩余最大化需要借助利益整合机制来实现。这一利益整合机制包括两个层次：价值创造和价值分配。其中，价值创造包括“要素整合”（针对外部世界的价值创造）和“知识共享”（针对内心世界的价值创造实现），前者创造出作为客体的铁路城镇综合体的性能价值、意象价值和场所价值；后者创造出参与行动者作为个体因参与行动而获得的社会资本。价值分配需要通过一个能够让个体所拥有的价值进行交换的机制来实现。

可以说，铁路城镇综合体“被建构”是一种参与行动者通过“价值创造”和“价值分配”最大化其“合作剩余”的过程（图 3-10）。

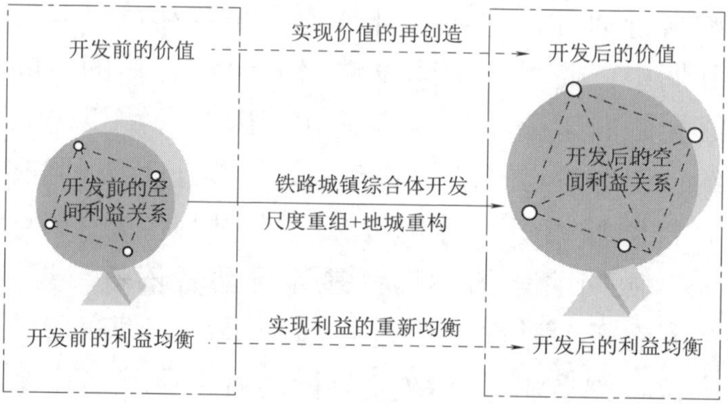

图 3-10　铁路城镇综合体的利益整合

这也说明，参与行动者对于铁路城镇综合体开发建设不能仅着眼于如何分享利益，更重要的是着眼于如何协调“共同创造”价值。

3.3 小结

（1）铁路城镇综合体是多层次权力、资本、技术和社会力量共同主导的成果，其实质是由权力、资本、技术、制度和物质环境等异质性要素构成的“命运共同体”，其战略使命是支持国土空间重构和支持资本寻求新出路。

（2）铁路城镇综合体开发建设是一个以权力为驱动力，在权力逻辑、资本逻辑和技术逻辑共同限定的时空范畴内，参与行动者基于“空间正义”，以“他组织与自组织协同演化”的方式，通过“利益整合”使参与行动者的“合作剩余”最大化，并构建出新的国土空间利益关系的过程（图 3-11）。

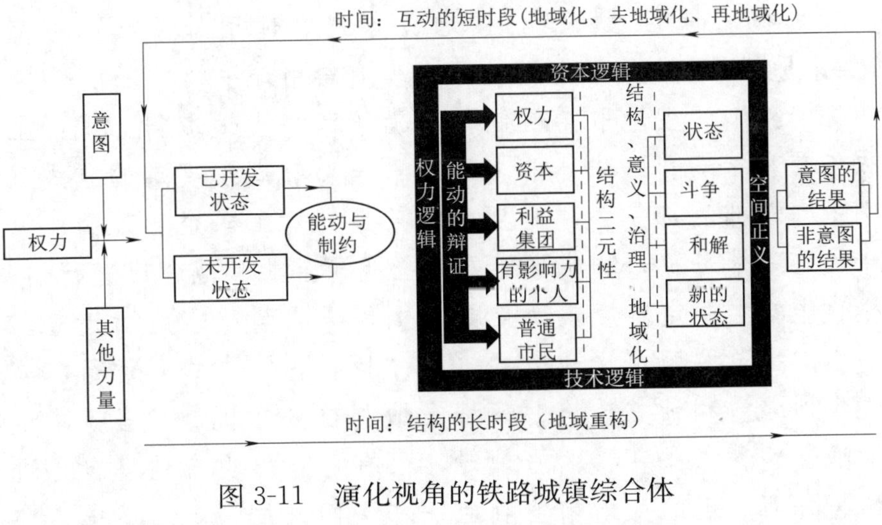

图 3-11　演化视角的铁路城镇综合体

（3）对于铁路城镇综合体开发建设，不仅要抓好系统管理（综合集成），更应重视复杂性管理（自组织机制）。

附录：评价“37号文”

“37号文”的成就在于：构建了铁路土地综合开发机制，包括：土地取得及整合机制、利益协调机制和行为协调机制。但是这些机制仍存在着不足。

1. 土地取得及整合机制

“37号文”构建了铁路土地综合开发的“土地取得及整合机制”。①土地取得：对于既有铁路用地，按照国家授权经营的方式取得；对于新增站场建设用地，按照市场化方式取得。②土地整合：对于既有铁路站场用地，铁路运输企业利用自有土地，平等协商收购相邻土地，依法取得政府供应土地或与其他市场主体合作；对于新增站场建设用地，通过分层设立建设用地使用权，将符合《划拨用地目录》的，按划拨方式办理用地手续；不符合《划拨用地目录》的，按协议方式办理有偿用地手续。

评价：①“土地取得机制”明确了两种土地取得方式：土地授权经营和市场化方式。前者不属于土地管理法规定的方式（仅是国土资源部的部长令，而且当时只是针对工矿企业改制所设），由于铁路土地资源开发涉及到要将土地和企业其他资产进行切割，在操作上存在一定难度，而且前期也需要大量投入进行清查。后者，由于需要按照市场化方式（即“招拍挂”方式）运行，如未能在供地之前和地方政府协商好土地利益分享机制，当铁路运输企业通过这种方式获得的土地时，很有可能出现自己将自己进行铁路投资而产生的土地增值利益一并买回来的情况。②土地整合机制中，“铁路运输企业利用自有土地、平等协商收购相邻土地”这一建议，如果没有一个具有法律地位的机制，相邻土地是缺乏动力接受铁路运输企业的协商的（或者，相邻土地的产权人会借此机会狮子大开口而让铁路运输企业承受不起）；对于“新增站场建设用地，按照市场化方式取得”，对于铁路投资建设者，没有太多实际意义，因为这种操作方式难以将铁路建设带来的土地增值还原给铁路投资建设者。

2. 利益协调机制

“37号文”构建了铁路土地综合开发的利益协调机制，包括“利益创造”和“利益分配”两个方面的内容。①利益创造：对于既有铁路用地，通过提高土地使用强度和改变用途两种方式创造利益；对于新建站场用地，通过“一体规划”赋予站场及毗邻地区空间利用价值。②利益分配：对于既有用地，通过协议出让让渡利益（原土地权属人可以继续使用这块地，而且补缴的地价不低于最低价标准即可）；对于新建站场用地，供地价格按出让时市场价格确定。

评价：①对于利益创造。“37号文”明确“地方政府统筹铁路站场及毗邻地区相关规划”，但由于历史形成的分隔管理体制，地方政府很少乐意介入铁路既有站场的商业开发性规划，如果地方政府未能从协助铁路运输企业将既有铁路用地转变为商业性开发的规划调整中获得足够（即令地方政府满意）的利益激励，一般不会主动地为最大化土地价值投入足够的精力和资源，也就无法通过规划使土地资源价值最大化；对于新建站场土地，如果铁路运输企业未能充分介入规划或由于未能感受到地方政府有诚意公平分享土地资源价值时，对介入规划也会持不充分合作的态度，也就容易使站场地区的开发规划未能够满足铁路运输企业的利益诉求和资源运用能力，也就无法通过规划使土地资源价值最大化。因此，如无切实的（通过合作能够最大化土地价值）利益驱动和制度保障，“地方政府应该在铁路综合用地的规划编制、产权整体和宗地合并（分拆）等方面，主动与铁路运输企业协商沟通”难以落实（对于欠发达地区，地方政府很乐意和铁路运输企业合作，而且会主动要求铁路运输企业规划，但这些地方土地价值不容易创造；对于发达地区，土地是地方政府的命根子，地方政府通常也处于比较强势的地位，如无一个具有权威性的机制，地方政府不会轻易允许铁路运输企业介入新建站场用地的规划，除非地方政府感受到铁路运输企业可以带来能够大幅增添土地价值的资源)。②对于利益分配。“对于新建站场用地，供地价格按出让时市场价格确定”这一规定，如地方政府和铁路运输企业未能事先约定土地出让收益如何分配，很有可能导致“铁路运输企业为获得土地所支付的土地出让金实际已包括了铁路建设投资给地方带来的土地增值”，即自己将自己对于土地的增值贡献买回来。

3. 行为协调机制

“37 号文”构建了铁路土地综合开发的“行为协调机制”，重点对建设行为进行协调，包括“一体规划”和“统一联建”两个方面的内容。①一体规划：地方政府按照“一体规划”的原则，主导编制铁路站场及毗邻地区相关规划；按照立体化、紧凑节约集约利用土地。②统一联建：新建铁路站场与土地综合开发项目统一联建（将统一联建的铁路站场、线路工程及相关规划条件、铁路建设要求作为取得土地的前提条件）。

评价：①在“地方政府主导编制铁路站场及毗邻地区相关规划”的情况下，如铁路建设单位或铁路运输企业缺乏积极性参与或缺乏促使其积极参与的机制，单靠地方政府编制的规划是难以促使各种资源及要素实现充分的优化整合。因此，需要建构相应的综合集成平台，发挥作为铁路设计和综合开发之顶层设计和行动路径设计的作用，促使地方政府和铁路建设单位或铁路运输企业齐心协力，共同谋求土地价值最大化和公正分享，一体规划和节约集约利用土地的设计要求才有可能达到效果。②由于铁路土地综合开发涉及国土、规划、建设等多个部门，涉及多个工程建设标准，这些标准如无法进行相应的协调，或者在车站设计和综合开发设计中无法细化到三维坐标（为满足可分层设立建设用地使用权，综合开发设计与车站相关部分要深入到初步设计乃至施工图设计)，统一联建难以落实。因此，中国铁路总公司应该推动发改委等相关部门明确牵头部门，着手“完善相关工程建设标准规范”（“37 号文”中要求相关部门“完善相关工程建设标准规范”，但现实中，“相关部门负责”其实等于“无人负责”）；相应地，中国铁路总公司应主动协调相关部门进一步优化铁路规划设计和站区开发规划设计的编制和审批机制。③无论是铁路建设，还是地区开发，其行为都与投融资行为密切相关，因此，不能忽视投融资行为纽结铁路建设和地区开发的作用。

总体而言，①“37 号文”建构的关于铁路土地综合开发的“土地取得及整合机制”、“利益协调机制”和“行为协调机制”，因不具有法律地位，尚未能具备充分规范和引导各级政府和铁路运输企业推进铁路土地综合开发的效力；②“37 号文”仅笼统地提及地方政府和铁路运输企业均是铁路土地综合开发的主体，没有明确中央政府在其中应发挥何种作用和如何发挥作用，难以引导各参与行动者形成关于铁路土地综合开发的共识，一致行动也就无从起步；③“37 号文”未具体明确中国铁路总公司在铁路土地综合开发的角色定位和相应的责、权、利，也未能建构促进沿线各个城市跨越行政区域建立彼此互动的协作机制，难以激励各参与行动者发挥能动性去做好铁路土地综合开发。

所以，应从提升“37 号文”的权威性入手，将“37 号文”建构的各项机制进一步系统深化和完善。

4 铁路城镇综合体：理论体系

本章主要内容：基于前述关于“铁路城镇综合体是什么”的建构，演绎铁路城镇综合体理论体系。理论体系包括基础理论——铁路城镇综合体生成理论和应用理论——铁路城镇综合体开发理论，前者阐释“铁路城镇综合体何以生成”；后者说明“如何开发建设铁路城镇综合体”。

4.1 基础理论：铁路城镇综合体生成理论

铁路城镇综合体本身是一个具有完整意义的经济系统，因而完全可以按照经济系统结构优化的分析思路进行研究。因此，可以根据 SSP 范式[①]，通过以达成铁路城镇综合体的“存在物”作为理论演绎的起点，根据这种“存在物”的特性及其所处状态因应权利结构和制度结构的约束及导引作用所发生的变迁，演绎铁路

①英国经济学家 A·爱伦·斯密德发展了一种分析制度与绩效关系的分析范式：状态（situation）-结构（structure）-绩效（performance），即 SSP 范式。其中，“状态”反映着个人、组织及物品的特性，并将物品特性视为预测制度对人们行为影响的关键因素；“结构”代表权利结构与制度结构，决定着资源使用与配置的主体的行为，进而影响着整个经济系统结构要素的合理配置；“绩效”反映着经济系统资源配置的效果。这一范式认为，物品特性以及处于的不同状态会使人们产生不同的相互依赖性，而这依赖性是影响权利结构、制度结构乃至经济结构的决定因素，因此，那些试图通过经济系统的要素配置状态以改善绩效状况的行为者，必须以物品的特性及其所处状态作为行为的出发点。简言之，状态是给定的，结构是可选择的；在给定状态下，所选择的结构决定了最终的绩效（见下图）。

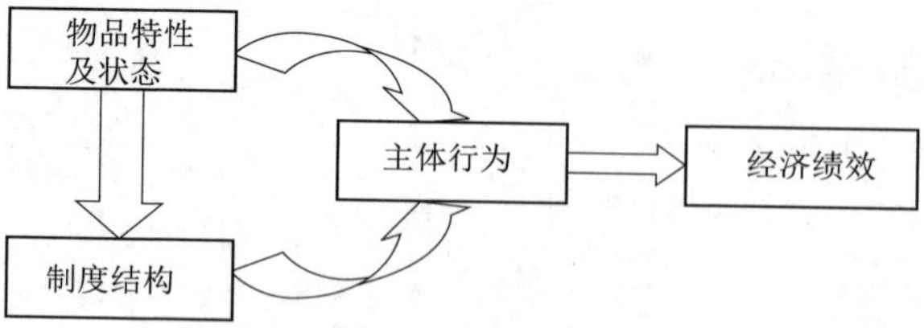

城镇综合体生成理论。

根据前述关于铁路城镇综合体的建构，以“权力”作为促进铁路城镇综合体生成的“存在物”：权力因应某一结构的制约的运行方式决定了铁路城镇综合体的演化结局。

1. 逻辑线索

(1) 起点：权力基于某种“意图”[①]，以某种方式[②]“介入”某种既有的“状态”（或者说是一种“关系聚合体”所具有的“状态”）以体现“权力”的意志——铁路城镇综合体开发战略就是一种权力的意志。

(2) 过程：权力介入“状态”，引发了“冲突”[③]（conflicts）：权力在介入“状态”的同时，带来了“意图”以及伴随其行动的其他力量（如，资本、社会力量等）；既有的“状态”因为需要接受前者（权力及其意图、其他力量）的“介入”而进行自我调整，并使自身既有的结构发生重组；前者需要接受后者的结构及特质要素来调整自我，并争取与后者形成协调匹配的关系。如此循环反复，“权力”（包括伴随其行动的其他力量）和“状态”在权力逻辑、资本逻辑和技术逻辑所限定的时空范畴内通过妥协而化解了冲突，从而共同形成“新的结构”——通过“主客体相互建构”而达成新的“状态”。

---

①权力的行动都是具有意图的。

②这些方式有如下几种：通过“国家资本”的投入引导“普通资本”跟随；和普通资本结盟（如 PPP）；通过战略意图的宣示（如“37”号文）；通过空间管制（如主体功能区规划）；通过政策引导和鼓励（如对车站地区开发实施“特定开发区政策”）；通过修订规则（如允许土地分层出让），等等。

③比如，从城市规划、国土资源管理、行政区划等方面看有如下冲突：ⓐ城市规划。铁路土地综合开发伴随铁路规划而发生，而现行城市规划通常没有对此进行安排，因此需要对城市规划进行修编，涉及既有空间利益关系因需要调整而产生的冲突。ⓑ国土资源管理。铁路现有用地属于交通用地，改变用地性质进行综合开发需要进行“招拍挂”；铁路企业获得路外用地更需进行“招拍挂”，两种用地因需要整合开发而产生的管理范畴、管理程序等方面的冲突。ⓒ行政区划。铁路土地综合是在地方政府的行政区划内进行，地方政府掌握着铁路土地综合开发的主动权，以致铁路企业几乎没有进行土地综合开发的机会，地方政府和铁路运输企业相互之间存在如何分享开发利益的冲突。

因此，铁路城镇综合体的生成过程，是一个由于权力“介入”某种关系聚合体而诱发冲突，需要通过“相互建构”来化解冲突；这一过程，需要建构一种“场域”①，让主体和客体以某一种“方式”和“途径”进行“相互建构”。

这一“场域”由两个“场域”叠合而成：一是权力与伴随其行动的其他力量活动于其中的“场域”；二是构成既有“状态”的各种力量活动于其中的“场域”。主客体相互建构就发生于两个“场域”的叠合部分。

（3）终点：冲突被化解，表明主体和客体都满意“相互建构”的结局——利益整合，而且这种结局也能够被某一种体制稳定下来，即“利益整合”呈现时，冲突涉及的各种力量已经改进了相互之间原有的关系结构，形成一种相对稳定的“新的结构”——铁路城镇综合体。“新的结构”生成，表明参与行动者满意其所获得的能力和资产的“更有”。因此，“冲突化解”应以参与行动者自身获得的利益的稳定性来衡量。

简言之，铁路城镇综合体是权力介入某种“关系聚合体”而使其“状态”受到冲击并对之进行改进的结果。这一过程，也是解决“权力”和“状态”各要素之间存在的“冲突”的一系列动因、条件和行为等要素发挥作用的过程。这些动因、条件和行为的形成和演进就构成促使“冲突”化解，形成铁路城镇综合体的机制（图 4-1）。

以上分析表明：①铁路城镇综合体是“权力”和“状态”相

①冲突的解决不可能依据某种技术规则进行仲裁，而有赖于主体的共同参与和集体磋商——基于公众参与的集体理性（collective rationality）。达成共识的过程的相关因素不只是技术或理性，还包括利益（动因）、以及行动者进行行动需遵循的“边界”、“讨价还价机制”、凭借的“资源”、“策略”等，这些要素共同构成一种“议事网络”——化解冲突就是产生于这一网络的演化过程中。这一“议事网络”就是主客体之间相互建构的场域。场域的重要特征是它为场域中各行动者及其拥有的资源提供相互竞争、比较和转换的一个必要场所；反过来，场域本身的存在和运作，也只能靠各种资源的反复交换和行动者的竞争才能得以维持。

互嵌入的结果；其过程是一个使得各种维度、各种形态和各个层次的异质性要素链接成为一个有效率、有一致行动目标的组织的过程——各种有形无形、内在和外在、在场和不在场的诸多要素的空间化过程。这是一个适应复杂性（动态演进性）、主客体相互建构和多种方法应用的综合过程。②异质性要素的空间化导致了“冲突”具有多种范畴（既有“主体”的，也有“客体”的）、多种类型（既有“技术性”的，也有“社会性”的，这里使用的“社会性”概念是广义的“社会性”概念，涵盖经济、政治、文化等主要领域及其相互关系）、多种层次（既有“宏观层面”的、“中观层面”的，也有“微观层面”的）、多种形态（既有“有形”的，也有“无形”的）；存在于多种场所（既有“在场”的，也有“远处”的）和多个时段（既有“当下”的，也有“未来”的）。

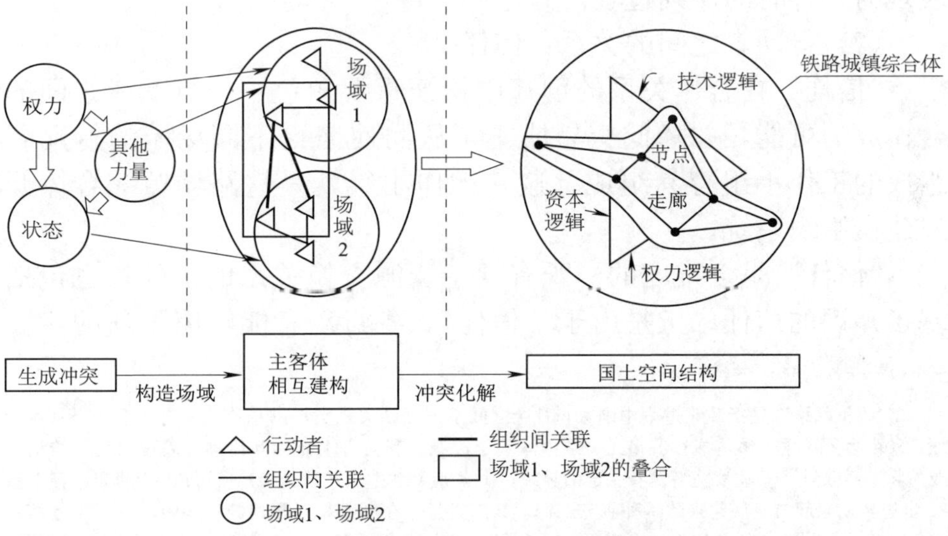

图 4-1　铁路城镇综合体的生成机制

2. 模型建构

第 3 章已经指出，铁路城镇综合体由规则、资源和能动性相互建构而成。下面，通过“政策网络”（policy network）途径和“博弈途径”的整合[①]，进一步推演铁路城镇综合体生成的“辩证模式”[②]（dialectical approach）。

（1）变量

涉及两个层次的变量：①第一层次：结构的位置、行动者（下述的行动者、元素或个体均指主体）的能力；②第二层次：行动者的利益、立场、新的规则等。

这两个层次变量的关系是：现有的结构决定了行动者的行为空间和行为目标——行动者的策略集。行动者进行博弈的过程可以视作分两个阶段：首先是行动者选择自己的策略集和博弈的结构，通过博弈选择自己的最优行动策略；然后是具体的过程及其均衡。博弈的结果，导致结构的位置发生改变，即形成“新的结构”——铁路城镇综合体。

这一过程，是行动者通过不同的策略最大化其利益的结果，表现为一种时间序列过程。

（2）行动者之间的关系：信任

“信任”在合作关系的创建中扮演重要角色：使行动者之间的合作成为可能，并降低交易成本，从而使来自不同场域的行动者组成的工作小组容易组成。这一工作小组就是铁路城镇综合体开发建设组织系统。

“信任”是多维度的，既有基于资源交换关系的信任，也包括基于知识的信任。正是由于“信任”，各行动者能够因不断的相互

①“政策网络”是指政策过程中国家与社会之间不同互动关系类型的总称，具有如下几个基本特征：ⓐ由多元关系主体构成；ⓑ多元关系主体基于资源、利益诉求而相互倚赖并表现出复杂的结构或人际关系联结；ⓒ政策网络具有一定的界线，由多元关系主体互动、认知所形成。“博弈途径”系20世纪初期兴起与发展起来的一种研究途径，其涵义是：在利益相互影响的局势中，决策主体的一方行动后，参与博弈的其他人将会采取什么行动？参与者为取得各自利益最大化应如何选择策略，最后达到力量均衡？在政策执行过程中，行动者同样遵循此一“自身利益最大化”原则，在政策执行中为获得最大收益而博弈。因此，政策执行的实质即是相关行动者之间基于利益得失的考虑而进行的一种博弈过程。基于此，许多学者倡导将“博弈途径”引入政策网络分析中。基于以下两种途径，可以将政策网络和博弈途径整合起来：ⓐ政策网络结构与行动者博弈是影响政策执行结果的两大重要因素政策；ⓑ网络结构制约行动者博弈，并影响政策执行结果［见：丁煌，杨代福．政策网络、博弈与政策执行——以我国房价宏观调控为例．学海，2008（6）：79-85］。

②辩证是指两个变量之间的互动关系，在一个持续反复的过程中，其中一个影响另一个。

作用发展出一套共同的价值观，开发出一套解决问题的能力，使得任务得以完成。

（3）利益表达：形成“群落”（community）

行动者对于利益的表达能否顺畅，取决于其所处的“群落”——“群落”体现了诸如身份、地位、社会资本等隐因素以及资源等显因素。

由于铁路城镇综合体具有网络依赖性，因而相应地形成三种类型的群落：站点层次群落、线路层次群落和网络层次群落。

一般而言，由于行动者的利益在不同的群落中具有不同的“厚度”（比如，对于车站周边地区的被拆迁人而言，其利益在点群落中的“厚度”显然大于其在线群落中的“厚度”），行动者总是偏好于在其利益“厚度”最大的群落中表达利益。因此，群落是具有利益传递效应的媒介，反映了行动者之间关系的强弱和涉入共同活动的程度。

（4）利益获取方式：掌握“资源”与采取“策略”

行动者为达成其利益与立场，需要运用其所掌握的“资源”（包括权威、技术、资金、合法性、资讯等），采取相应的“策略”（包括交易、谈判、联盟、合作、对立等）。

行动者对“资源”的掌握和“策略”的运用，影响到“结构的位置”，并导致不同的利益共享效果。

（5）利益获取途径：共享“合作剩余”

行动者的利益就是“合作剩余”。包括两个方面：“能力的更有”和“资产的更有”。

（6）利益保障机制：“新的规则”

“新的规则”是行动者通过合作所形成的处理相互之间的关系的规则，体现着占大多数行动者的主导作用并获得其他行动者的认同，既是保护行动者利益的有效制度安排，也是协调和化解各行动者之间利益冲突的机制。

当行动取得成果时，表明铁路城镇综合体各构成要素之间责任、利益和角色进行调整和重组的“新的规则”已经达成。

至此，可以概括出铁路城镇综合体生成的辩证模式①（图 4-2）。

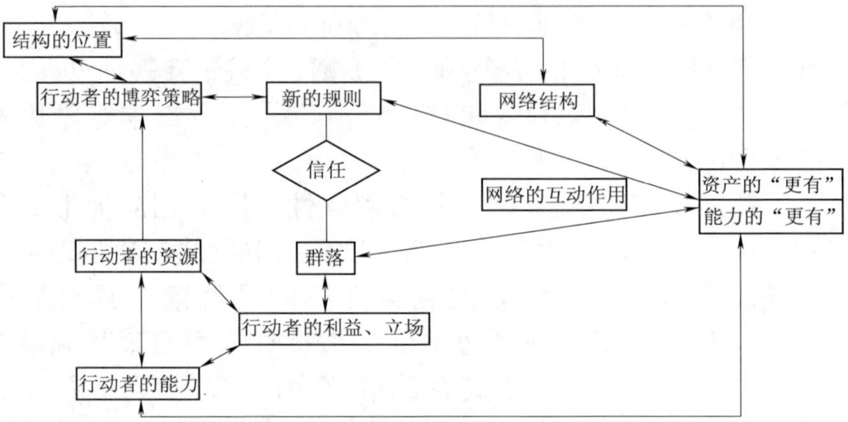

图 4-2　铁路城镇综合体生成的辩证模式

上述模式具有如下特点：①由于包含了多层“变量”的概念，体现了将铁路城镇综合体生成过程进行多层次分析；②由于包含了“利益”的概念，体现了铁路城镇综合体生成过程的“多中心治理”权力构型；③由于包含了“立场”的概念，体现了行动者在进行行动时需受到某些“底线”的约束；④由于包含了利益“厚度”的概念，体现了行动者之间的关系强弱和涉入共同活动的程度对于行动效果的影响；⑤由于包含了“资源”和“策略”的概念，体现了行动者的能动性作用对行动效果的影响；⑥由于包含了“行动者的学习能力”的概念，体现了“能力”获得对行动效果的影响；⑦由于包含了“网络的互动作用”的概念，体现了主客体之间的相互建构作用。

这一模式，将铁路城镇综合体开发活动放在一个具有层级的网络中进行考察，将主体、客体和过程结合起来进行一体化分析，对铁路城镇综合体开发建设活动的如下环节具有解释力：①主体通过交换有关问题、偏好及资源共享建立协作关系；②主体之间

①铁路城镇综合体开发建设过程中几乎所有的关系都是交互影响的，因此几乎所有的箭头都是双向的。

关系的强弱对利益分配的影响，从而能够更好地反映铁路城镇综合体开发建设活动的复杂性。这也表明，处理不同网络之间，不同参与行动者之间的联系应该成为铁路城镇综合体开发建设组织的核心任务。

3. 启示

权力及其介入的“状态”共同构成铁路城镇综合体的主体(agent)。这些主体通过互动和创造，协商出彼此都能接受的角色定位、联系模式与行动策略，使得铁路城镇综合体开发建设目标得以实现。因此，可以通过改变“权力”的“权能”[①]（capacity of rights）及其运用的“场域”（如改变场域的开放格局、边界等），进而改进权力介入“状态”的方式和途径，影响推动铁路城镇综合体开发的“行动逻辑”，达到最终影响铁路城镇综合体开发建设“绩效”的目的。

4.2 应用理论：铁路城镇综合体开发理论

从“哲学信仰—理论—方法论—方法—应用”的知识论域体系看，铁路城镇综合体应用理论实质就是关于“怎么开发建设铁路城镇综合体”的方法论，应该阐释的问题是：谁开发？如何开发？如何使开发效果更好？由于“理论”支配着“方法论”——即“理论”中已经蕴含着方法论的逻辑线索，因此需要寻找一个转换平台，将“理论”中的逻辑线索显性化——将铁路城镇综合体的参与行动者（能动性和各种规则及资源）如何相互建构转换为一个显性的架构（谁开发？如何开发？如何使开发效果更好?），作为人们进行开发建设行动的导引。

1. 寻找理论的转换平台

根据铁路城镇综合体生成理论，铁路城镇综合体的生成过程是：众多的参与行动者，通过各自的角色界定、行为和交互作用，

①“权能”可以理解为：一是享有权利的效能；二是“应起”或“能起”的职责。“权能”大小可以以“权能指数”进行衡量。在空间生产过程中，行政权力具有较大资源整合机会和能力，属于强权力，其权能指数较高，常常居于主导地位。国发〔2014〕43号文《国务院关于加强地方政府性债务管理的意见》就具有改变权能的作用——限制了以往可以随意通过城投平台进行举债的“权能”。

链接成为一个“命运共同体”。基于此，本研究认为，行动者网络理论[①]（Actor-Network Theory）是合适的理论转换平台。其理由是：①行动者网络理论能够体现异质性因素多维度、多层次相互作用，具有应对复杂系统演化的能力；②行动者网络理论采用了“关系思维”和“过程思维”两种思维方式（不仅能够解释模式，而且也能描述过程），有助于将研究对象置于一个动态开放的、延伸到任何一个与研究对象有正式或非正式联系的角落进行考察。

根据行动者网络理论的核心观点，多元性的异质性要素形成一种联盟（即行动者网络）是一个“转译”[②]（translation）过程：

①行动者网络理论由法国科学知识社会学学家 Michel Callon（米歇尔·卡隆）和 Bruno Latour（布鲁诺·拉图尔）等人提出，主要论点包括：ⓐ行动者网络的构成是“异质的”，即“行动者”是具有不同利益取向和行为方式的参与者，包括人类行动者（actors）和非人类行动者（actants），如观念、技术、生物等非人的存在和力量，即任何通过制造差别而改变了事物状态的东西都可以称为行动者；ⓑ行动者存在于实践和关系之中，其行动潜力并不是指能够做某些事情，而是指某些能够导致行动者之行动的事物，即是说，行动者并不是行动的源泉，它是被动行动的，即行动者的“力量源于其操作”；ⓒ建构行动者网络的途径是“转译”，即每一个行动者的利益、角色、功能和地位都在行动者网络中加以重新界定、安排和赋予，“转译”成功的关键是要使被转译者满意进入网络后的角色转变（而且“转译”决不会完全实现且可能是失败的过程）；ⓓ行动者获得同等对待，即进入网络的行动者，其特性决定于他们在网络内所起的作用，而与其是“人类的”还是“非人类的”无关；ⓔ行动者在构成行动者网络的同时，也在这个网络中被建构和被生成，建构过程的相干因素不只是理性，还包括利益、价值、权力、意识形态，等等。

②转译包括四个环节：ⓐ问题化。“发起者”通过其准备的一个“脚本”（scenario），告诉别人要建立一个什么样的网络、网络所面临的“问题”以及拟用于解决“问题”的主张和计划达到的目标，促使其他行动者接受或认同其对“问题”的界定，使行动者的行动目标得以明确和认同。ⓑ权益化。目的在于通过利用各种“策略建构”强化“问题化”过程中给行动者界定的角色，将行动者的利益诉求转化为一种权利伸张，使得行动者都能够“有意识地参与、利用、控制和创造性构建一种理性方式和行动环境，将环境变迁引向一个有利于自己的方向”。ⓒ摄入。“摄入”是行动者网络的创建者在网络创建过程的各个环节通过一系列的“策略建构”，进一步将涉及的行动者纳入到整体联盟中来；在取得联盟必经之点（即强制通行点）的枢纽地位的同时，对各个行动者进行“激活”，使之成为网络的成员。ⓓ动员。使行动者接受其在行动计划中被赋以的位置、责任和利益（见下图）。

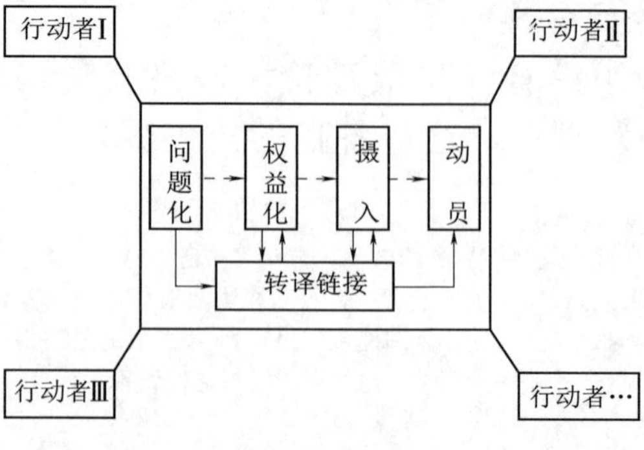

①核心行动者迫使其他行动者接受核心行动者定义的路径和规则，并与核心行动者结成联盟；各行动者之间存在共同的必经之点（即每一个行动者会因此而互利）——强制通行点（Obliligatory Points Passage，OPP）；②行动者网络建立，表明人类和非人类行动者链接成为一个无缝之网（seamless web）；③对于转译效果的检验，着眼于是否能够建构更强更具效率的行动者网络（通过行动者对其角色定位和在网络中所处位置的满意程度进行衡量）。这一理论的启示是：铁路城镇综合体开发建设能否成功，关键在于核心行动者提出的铁路城镇综合开发建设前景是否能够让参与行动者都乐意参与并承担责任，是否有合适的机制让参与行动者满意其因参与行动而得到的利益；反过来说，当参与行动者都乐意参与行动并满意其因参与行动而获得的利益，就是一个更强更具效率的行动者网络（使得铁路城镇综合体开发建设效果更好）。

2. 理论架构

根据行动者网络理论的启示，①将“如何开发建设铁路城镇综合体”转换为“转译”进行理解；②将“如何使开发建设铁路城镇综合体的效果更好”转换为“检验转译效果”进行理解。

1）转译：理解“如何开发建设铁路城镇综合体”

（1）问题化（problematisation）

在行动者网络理论中，“问题化”是提议者即行动者(A)通过将不同行动者关注的对象的问题和特性呈现出来，并提出价值主张（value proposition），以有助于使自身和新加入者即行动者(B)结成联盟。问题化包括“呈现问题”、“界定问题”和“认同问题”三个环节。

转换到铁路城镇综合体开发建设，可以表述为：①谁能够作为铁路城镇综合体发展战略的提议者（是否能够在所有参与行动者中具有主导地位）？②谁会认同提议者提出的铁路城镇综合体发展战略（参与行动者的利益是否在提议者提出的铁路城镇综合体的战略中得以体现）并乐意参与实施该战略？③为实现战略使命需要解决什么问题（解决这些问题需要谁参与行动，参与行动者需要承担什么责任）？这几个问题，事实上将“哪些主体参与开发”转换为“如何吸引主体参与开发”。

这意味着：开发建设铁路城镇综合体，首先要有一个主导行动者，提出一个能够吸引其他潜在参与行动者感兴趣的计划，让各行动者的行动趋同于一个目标——目标协同。因此，这个主导行动者必须要有权威，所提出的计划必须具有足够的影响力、吸引力和权威性。显然，这个主导行动者，非中央政府莫属。

（2）权益化（interessment）

在行动者网络理论中，“权益化”的涵义是：行动者(A)通过“宽容”和“赋权”，将行动者(B)的利益诉求转化为一种权利伸张，以激发行动者(B)实现行动目标的能动性而使得各自的行动趋向一致——行为趋同。

转换到铁路城镇综合体开发建设过程，可以表述为：①参与行动者分配的利益是否能够通过一个透明的程序和规则由参与行动者通过交流和协商来决定？②参与行动者能否都有权利追求自身的利益最大化？③参与行动者的角色定位能否与可运用资源相匹配（即责、权、利是否一致）？这样，就将“如何吸引主体参与开发”转换为“赋以主体什么权利以使他们乐意参与开发”。

（3）摄入（enrolment）

在行动者网络理论中，“摄入”的意义在于：通过对行动者(B)进行利益“回馈”，将行动者(B)的利益被转译到行动者(A)所提出的计划中来，以激励参与行动者“被摄入”一致的行动之中。

转换到铁路城镇综合体开发建设过程，可以表述为：①参与行动者的利益来源是否明确（是否有明确的利益来源机制设计）？②参与行动者是否满意利益分配的机制（是否公平公正）？这样，就将“赋以主体什么权利以使他们乐意参与开发”转换为“有什么利益整合机制让主体乐意行使权利”。

（4）动员（mobilisation）

在行动者网络理论中，只有进入到“动员”阶段，一个成功的行动者网络才算达成——行动者“联系”的“状态”得以稳定，即行动者进行联系的共同价值呈现出来。此时，行动者已满意其在网络中所处“位置”(即该位置所肩负的责任和应获得的利益)，并通过形成新的“规则”保障行动者相互之间处于彼此满意的“状态”是可以持久的。

转换到铁路城镇综合体开发建设过程，可以表述为：①参与行动者之间的冲突已经得到化解（参与行动者进行行动的共同价值呈现出来），并因此相互之间乐意结成一个“命运共同体”；②呈现出来的公同价值可以得到保障。这样，就将“有什么利益整合机制让主体乐意行使权利”转换为“如何保障主体获得的利益”。

以上“转译”分析，明晰了铁路城镇综合体开发建设的“行动路径”：①沿着什么“方向”解决目标冲突问题，以让参与行动者的目标得以趋同？②以什么“方式”解决行为冲突问题，以让参与行动者的行为得以协同？③采取什么“途径”解决利益冲突问题，以让参与行动者满意其因参与行动所获得的利益？④通过保障体系的建构，让参与行动者的利益获得保障。如此，就将“谁开发”、“如何开发”转换为一个“行动路径”建构问题。

2）检验转译效果：理解“如何使开发建设铁路城镇综合体的效果更好”

在行动者网络理论中，检验“转译”效果，通常从三个方面进行衡量：①通过“强制通行点”后的“状态”是否形成新的“规则”加以确认；②是否可以不断招聘新的行动者(不断有行动者愿意被纳入网络)；③能否将行动者转化为一个作为一件东西行动的整体①。检验“转译”效果的“工具”是贯穿于“转译”过程各

①在行动者网络理论中，一个网络是否稳定，关键在于被摄入网络的行动者能否抵御其逃离网络的诱惑。因此，“衡量行动者满意其角色定位”可以从如下三个方面进行衡量：是否建立起防护网（以顶住所有破坏它的努力），具体来讲，通过新的“规则”使通过“强制通行点”后的“状态”进行确认［冲突化解，意味着私人利益转化为公共利益问题（获得一致认同），因而需要通过形成新的“规则”（制度创新）加以确认］；是否可以不断招聘新的行动者（尤其是非人类行动者），以不断巩固网络（以方便接纳不同的信息和观念，同时有助于防止利益相同的行动者相互结盟去获取垄断利益）；能否将行动者转化为一个作为一件东西行动的整体（将招聘进网络的行动者编织纽结在一起——无缝之网，以利于彼此控制）。

个环节的一系列“策略建构”，包括：①“简化”(simplification)——使被招募进网络的所有行动者对行动目标保持一致，即“目标协同”；②“并置”(juxtaposition)——使被招募进网络的所有行动者能够链接为一个一致行动的整体，即“行为协同”；③“策略”(strategy)——使行动者乐意于将个体的行为转化为群体的行为，谁也无法从群体中逃离出去，即“利益整合”；④“粘联”(cohesion)——将行动者转化为一个作为一件东西行动的整体，此时行动者相互之间的联系得以“粘联”，即“巩固利益”。

转换到铁路城镇综合体开发建设过程，评价作为解决铁路城镇综合体开发建设过程中不同环节的冲突问题的“绩效改善机制”：①通过“简化”改善冲突化解的“方向”，以更有效地趋于“目标协同”；②通过“并置”改善冲突化解的“方式”，以更有效地趋于“行为协同”；③通过“策略”改善冲突化解的“途径”，以更有效地趋于“利益整合”；④通过“粘联”以更有效地“巩固价值呈现”。这一机制，将传统的基于方案优劣或效果优劣的项目评价（决策评价或后评价），转换为参与行动者为了自身利益的确定性，在维持网络稳定性的过程中最大化其对其角色定位的满意程度的问题——既然开发价值是通过参与行动者的行动生成的，那么，增进开发价值就应该通过改善参与行动者的行动结构而获得。

以上“转译”分析，明晰了铁路城镇综合体开发建设的“行动路径”和“绩效改善机制”。由于“绩效改善机制”嵌入于“行动路径”之中，体现了“过程评价”和“结果评价”的整合。

在铁路城镇综合体生成理论中，行动者进行行动是带有“立场”的，即行动者进行行动需要遵循某一行动准则[①]。因此，引导行动者通过强制通行点，需要建构行动者的行动边界，而在行动

①铁路城镇综合体的形成虽然是参与行动者互动的结果，但演化过程中无疑仍受到工具、环境等因素的约束作用。比如，在技术的形成中，不仅要考虑“要什么”，还必须考虑“能做什么”，后者主要由工具性因素所决定。因此，不能忽视行动者的行动存在着行动边界约束的问题。

者网络理论中，对此是缺乏明确规定的。为此对行动者形成行动者网络的过程进行改进（图 4-3）。

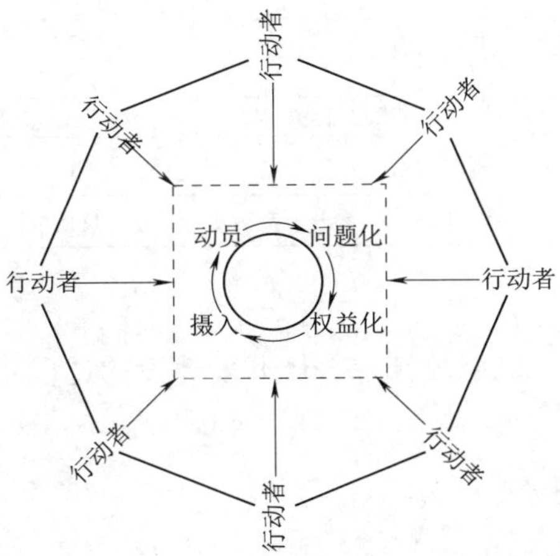

图 4-3　行动者形成行动网络的过程

在图 4-3 中，中心圆与虚线框之间表示行动者的可能性行动空间（虚线表明行动空间是可以通过行动者的合作进行扩展或改变的）。行动者在这一行动空间内，开展问题化、权益化、摄入和动员等阶段的行动。

转换到铁路城镇综合体开发建设过程，可以表述为：参与行动者促成铁路城镇综合体的过程，存在一个进行行动的“边界”（铁路城镇综合体演化的时空范畴）和“底线”（参与行动者进行行动的价值取向——空间正义）。这意味着，在铁路城镇综合体开发建设过程中应坚持“底线优先”原则。

至此，建构起铁路城镇综合体开发理论的框架：参与行动者沿着目标协同、行为协同、利益整合和价值呈现四个环节推进铁路城镇综合体开发建设；每个环节都存在相应的绩效改善机制；参与行动者在整个过程中都需要遵循边界和底线（图 4-4）。

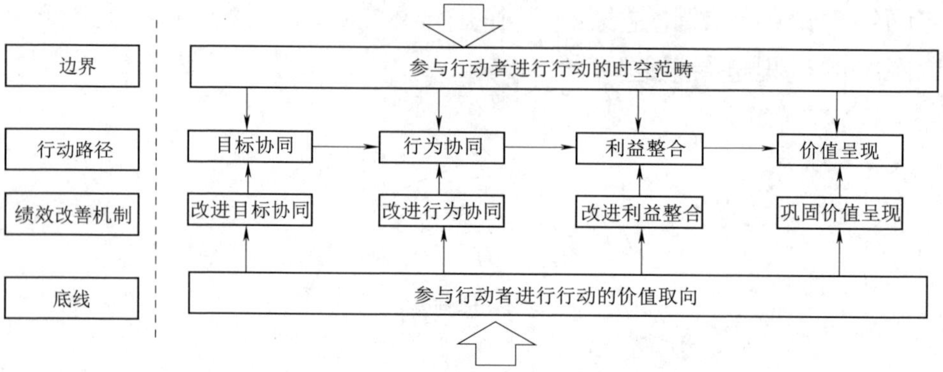

图 4-4　铁路城镇综合体开发建设的过程和机制

4.3 理论的启示

如何开发建设铁路城镇综合体实质是一个组织问题，其行动逻辑反映了开发建设铁路城镇综合体的主体、过程和机制。

1. 明晰铁路城镇综合体的开发建设流程

行动逻辑是“战略引导（实现目标协同）—体制创新（实现行为协同）—利益整合（实现利益整合）—制度保障”（保障开发建设成就）。

（1）战略引导。既然铁路城镇综合体开发建设属于一项国土空间重构战略，主导行动者应该是国务院组成机构的层次（显然应该属于发改委，中国铁路总公司应该作为主导行动者的组成成员，而不是主导行动者）；铁路城镇综合体开发主体不仅仅有铁路运输企业、开发商、社会力量和地方政府，还有更高层次的国家行政机关，以及相关的规划和管制要求、体制机制、自然地理条件乃至地方文化等因素。因此，除了建立各级政府的工作协调机制外，也需要重视将铁路城镇综合体开发计划、规划和国土空间规划，以及相关的制度和政策协同匹配起来。

（2）体制创新。铁路城镇综合体开发建设既需要自上而下的全局层面的统率，也必须充分发挥地方政府、铁路运输企业、市场力量和社会力量的能动性，因此需要创建新型的“中央—地方—铁路—资本”合作体制（图 4-5），通过制度创新，依赖市场化力量的主导作用和顶层设计的约束导引相结合，让不同层次——中央—地方、不同领域——政府—企业—社会——的力量都可以相互尊重和平等协商；赋予参与行动者以权能（如行使土地开发权的权能），让每个参与行动者都可以追求自身利益最大化（不仅地方政府、铁路运输企业和资本可以追求，中央政府和社会力量也可以追求），有足够的积极性参与到这一计划中来；综合运用规划、管理、政策和法律等手段，从土地使用、交通设施规划、空间开发布局等方面进行综合规划全面管理，加强交通建设与国土空间开发的协调匹配。

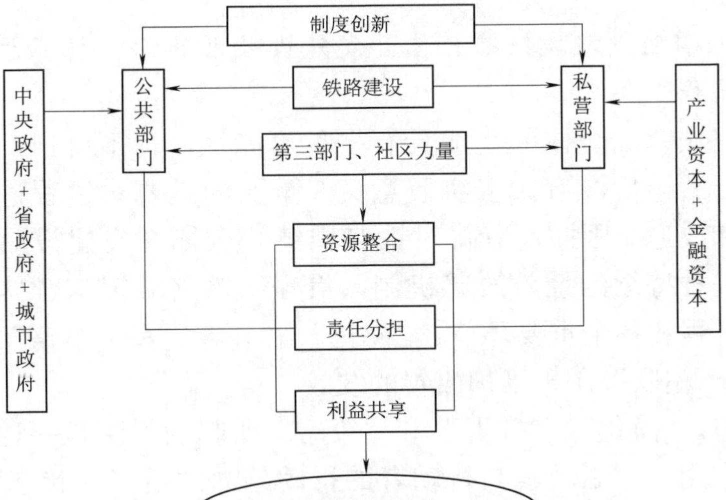

图 4-5 铁路城镇综合体的“中央—地方—铁路—资本”合作体制

（3）利益整合。参与行动者的利益源自于“地方空间”和“流动空间”的相互嵌入而使得资产的“更有”，以及推动这一过程的各个参与行动者因互动和协作而获得的能力的“更有”，两者相互促进。因此，既需要探索适应不同层次、不同形态和不同场所的要素进行整合的价值创造机制，将“地方”的独特优势链接到流动空间（比如，资本、企业、人才，等等）；也要重视建构格局开放的场域，让参与行动者通过信任、共享、协作以及社会网络的整合而共享知识创新——能力的“更有”。

（4）制度保障。一方面国务院相关职能部门要从深化“37 号文”入手，进一步完善支持铁路土地综合开发的扶持政策和行动路径；另一方面，要推动中国铁路总公司和地方政府通过平等协商，合作制定保障铁路土地综合开发的地方性条例或政府规章，针对策划、投融资、规划、设计、建设、运营等环节制定相应的监管机制和集成管理体系，促使铁路建设和周边地区发展整体联动。

2. 应将对铁路城镇综合体开发建设效果的评价贯穿于整个开发建设流程

铁路城镇综合体的生成具有多种可能性，且不可逆，对演化结局进行后评价没有太多实质意义，重要的是要对过程进行持续的检讨和改进。因此，应将对铁路城镇综合体开发建设效果的评价作为一种持续的绩效改善机制，贯穿于铁路城镇综合体开发建设的全过程和各个重要环节：“简化”、“并置”和“策略”用于绩效改善；“粘联”用于维护改善的绩效。

其中，“简化”、“并置”和“策略”所起的作用是一种“驱动力”的作用——驱动参与行动者的行动趋向“更好的状态”；“粘联”所起的作用是一种“粘结力”的作用——将“更好的状态”稳定下来。具体来讲：三个“驱动力”分别驱动“方向”、“行为”和“利益”趋向最有效解决的“状态”；当达到“状态”后，需要通过“粘结力”将“状态”稳定下来（图 4-6）。

这也说明，对于实现铁路城镇综合体开发效果的“更好”，“驱动力”和“粘结力”是必不可少的，而且需要紧密结合在一起才能发挥良好的作用。

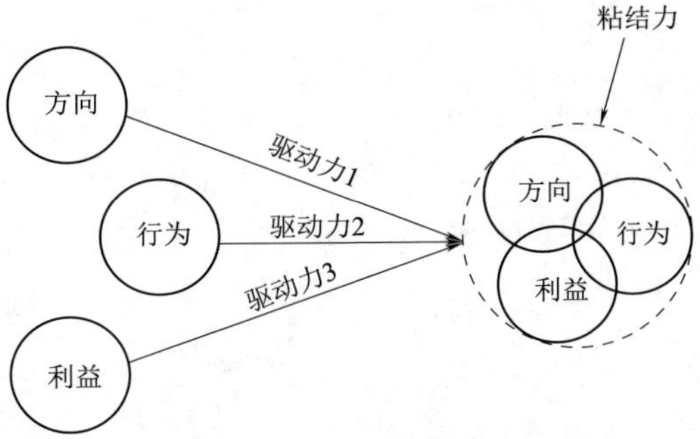

图 4-6 铁路城镇综合体开发建设过程的“绩效改进机制”

3. 在铁路城镇综合体开发建设过程中应坚持“底线优先”原则

在铁路城镇综合体开发建设过程中，应以“底线”作为参与行动者能够相对自由、适度地发展的约束框架，使参与行动者能够在权力逻辑、资本逻辑和技术逻辑共同限定的时空范畴内更自由地运用各自掌握的资源和价值判断，以尝试实现不同的目标追求。其意义在于：放弃排他性、垄断性的解决方式，有助于制约目前政府长官的过度膨胀和对城市开发活动的任意干预，使重大城市开发建设活动不再只是体现权力的意愿，而是要充分追求社会相关利益的平衡，体现公正性与市场经济的竞争性，约束参与行动者遵循追求“合作剩余最大化”的准则。

附录：完善“37 号文”

完善“37 号文”的总体思路是：以“铁路特定开发区制度”作为完善铁路土地综合开发机制的顶层设计，即通过“铁路特定开发区”的综合集成，优化土地、产业、交通、环境各种要素的匹配，整合设计、建设、投融资、运营各种管理机制和政策安排。具体来讲，基于“铁路特定开发区制度”，对“37 号文”建构的“土地取得及整合机制”、“利益协调机制”和“行为协调机制”进行系统深化、完善。

1. 以“战略规划”作为基础导引

准确理解铁路土地综合开发的战略使命，组织编制铁路土地综合开发战略规划，描述清楚各种力量参与行动的前景和利益，界定清楚各种力量参与其中应肩负的责任、权利和义务，作为落实和优化国土空间开发战略和国家新型城镇化发展规划的载体，作为部委和地方协作的基础导引。

战略规划应明确国务院组成部门(以发改委牵头，与国土资源部、住房和城乡建设部、交通运输部等组成领导小组，中国铁路总公司在其中起着秘书长的作用)作为实施铁路土地综合开发的主导力量；参与行动者包括中国铁路总公司、省(市)政府、市场力量和社会力量以及第三部门。

2. 以形成“命运共同体”为依归

从铁路的投资机会研究开始，各个层次的项目研究和规划设计工作都贯穿“铁路建设—地区开发—金融创新”一体化运作的工作思路，将铁路建设、地区开发和投融资融合起来统筹运作；树立立体化开发理念(功能混合、立体复合、生态宜居等)，探索铁路站点地区开发的类型、开发规模、开发时序和开发机制，实现站点和周边地区功能紧密衔接和区域层面的均衡；通过目标认同和利益整合，将铁路土地综合开发参与行动者的前景、利益、责任转换为系列化的理念、战略、体制机制和宏观政策。

3. 以“特定开发区”作为实施平台

将铁路站场和毗邻地区作为一个完整的城市重点发展单元——“特定开发区”进行管理。在实际操作中，鼓励统一规划和联合报建：①建立以“一张图管理为核心”的规划设计整合平台，形成专项规划设计的整合工作图和信息共享机制，实现同步规划，车站布局与地区开发规划同步落实；②对规划设计编制的委托主体、编制主体和编制审批主体以“特定开发区”进行行为和任务整合；③推动控制性详细规划编制的创新（探索融合土地出让实施计划、法定图则与车站设计的专项控制性详细规划）。

4. 以“土地开发权”作为利益协调的基石

将“特定开发区”范围内的土地（含经营性用地和铁路建设用地），均按土地开发权进行整合和进行交易（可以分类、分层交易），按照整体设计方案进行实施开发；对车站赋予土地开发权并与地方的用地指标单列进行挂钩（即铁路建设单位可从车站的土地开发权和地方的用地指标单列进行交易获益）；可以按照规划设计条件和出让条件，明确开发商需要承担特定开发区内的铁路建设（或配套设施）项目的建设或运管费用。

5. 以“流动空间”和“地方空间”相互嵌入作为土地价值实现的战略途径

中国铁路总公司应着眼于依托自身作为“流动空间”精英组织的优势，专注于主导整合移动互联网技术和铁路运输网，为“地方”带来域外资源和影响，促进“流动空间”和“地方空间”的整合，将“地方”的独特优势链接流动空间（资本、技术、人才，等等），形成独特竞争力，充分提升土地价值。

6. 以持续的“绩效改善”促使开发建设效果更好

(1) 综合集成。一方面，通过统筹规划，将铁路土地综合开发建设计划、规划和国土空间规划协同匹配起来，促使铁路土地综合开发建设的计划和地方发展的方向和速度匹配起来，促使车站和周边土地整合形成集多种功能于一体、结构匹配合理的综合体区域，并与地区发展整体联动。另一方面，中国铁路总公司建立综合集成平台，使之具有全程跟进，综合协调各专业的职责，具有对各个层次、各个阶段和各个项目的设计方案进行审议和监督的职责（同时，改变原有的设计机构与设计管理部门之间的管理与被管理、审批与被审批的关系，建立起能够彼此互动、相互协作的合作关系）。再次，加强审批协调，实行条件承诺审批（即相关部门出示审批意见后，再进行审批)。

(2) 创建新型的“中央—地方—铁路—资本”合作体制。以资本（铁路土地综合开发产业投资基金）的市场化导向和证券化机制及战略规划作为顶层设计引导和协调各级政府、市场力量和社会力量的行动；中国铁路总公司和省级政府就铁路城镇综合体开发建立行动框架和发展规划，健全平衡利益、解决矛盾的机制，以及相应的政策和地方性法规及政府规章，作为共同行动的基础导引和保障体系；在强调铁路土地综合开发项目在选址、开发规模、定位和业态选择，以及运营机制设计等方面都应符合战略规划的前提下，充分按照市场化原则运作，使参与行动者具有主动改善绩效的压力和动力。

(3) 实施“资源—资产—资本”一体化管理。将既有土地的状况、产出价值和资本化效益进行统筹管理和情形分析，及进一步强化既有土地的资产价值，促使铁路的既有土地与周边地区相互联系、相互制约，共同决定该土地资本化的效益和周边地区的可持续发展［不仅获得土地综合开发综合产出效益增加并可改善该既有土地乃至周边地区的土地资产价值（吸引更多的人力、货币、实物和技术，乃至制度资本的投入，改造提升社会资本)］。

(4) 明晰中国铁路总公司在铁路土地综合开发领域的角色定位。改进“铁路总公司发挥总部职能作用，铁路局承担市场主体责任”的格局，强化中国铁路总公司对整个行业的市场主导定位、资产资源的整体统筹能力和战略指引能力，做实人、才、物、平台和规则；强化地方铁路运输企业作为市场化主体的经营责任、职责和激励机制，鼓励地方铁路运输企业和行业内标杆企业建立战略合作关系，利用市场化机制改善现有的经营观念和机制；完善发挥企业董事会、股东会的问责机制。

(5) 创新利益整合机制。利益共享不再拘泥于开发或再开发方式，而是可以探索基于土地开发权的多种方式的利益共享（如土地开发权交易、分享土地出让金、房地产税费等）。

（6）强化监督实施。在城市总体规划层面加强铁路站点地区综合开发专项规划，从规划、设计、建设、运营等一系列环节制定相应的监管机制，对项目实施全程控制和监督实施。

5　铁路城镇综合体：行动框架

本章主要内容：对铁路城镇综合体开发理论进行实用化，建构起“路径—边界与底线—工具”一体化的行动框架。其中，“路径”明确开发建设经历哪些“环节”；“边界”与“底线”划定开发建设行动的“空间”；“工具”促使开发建设效果趋向“更好”。

5.1　路径：明确开发建设经历的“环节”

“路径”明确开发建设经历的“环节”包括：目标协同、行为协同、利益整合和价值呈现。

1. 目标协同

通过“问题化”使参与行动者的行动目标得以协同。“问题化”包括三个环节：呈现问题、界定问题和认同问题。

（1）呈现问题

“呈现问题”的作用在于明晰铁路城镇综合体开发建设的前景以及需要解决的问题，包括三个环节：ⓐ谁来呈现问题？ⓑ以何种方式呈现问题？ⓒ以何种策略呈现问题？

①谁来呈现问题

应该由提议者“呈现问题”。铁路城镇综合体肩负支持国土空间重构的重任，应属于一种国家战略，也应体现国家相关国土空间开发战略（如“一带一路”战略、京津冀一体化战略、长江经济带发展战略和福建沿海发展战略等），因此合适的呈现者（提议者）应该是国务院相关部门（发改委、国土资源部、交通运输部）和中国铁路总公司共同组成的一个机构（中国铁路总公司应该在其中扮演秘书长和办公室的角色）。

“呈现问题”应重点阐明铁路城镇综合体肩负什么重任：①如何在新的开放格局下，促使国土空间形成具有全球竞争力的网络化国土空间系统，并协调好中西部、北部的国土空间转型？②如何在铁路和其他高速交通网快速叠合网络化的情境下，促使“地方空间”和“流动空间”相互嵌入，重构经济、地理景观格局和社会空间？③如何为解决铁路建设和运营资金，促进铁路投融资体制改革和铁路事业可持续发展贡献力量？

②以何种形式呈现问题

应该通过“战略规划”表达铁路城镇综合体开发建设的愿景，通过“行动计划”提示参与行动者需要重视解决的问题、将要承担的责任以及参与这一行动的获益。所以，需要重视制定铁路城镇综合体开发战略规划（问题的解决方向）和行动计划（参与行动者的责任和解决问题的逻辑步骤）。

③以何种策略呈现问题

通常存在两种呈现策略：整体呈现和分别呈现。前者将铁路建设计划和邻近地区开发规划作为一个整体一并呈现；后者由不同的机构将铁路建设计划和邻近地区开发计划分别呈现。显然，后者不利于将铁路建设和邻近地区开发自启动之初就协同起来。

因此，理想的呈现策略应该是：将铁路建设计划和邻近地区开发计划作为一个整体进行呈现。

（2）界定问题

“界定问题”的作用在于对铁路城镇综合体进行“可开发性评估”。

①界定问题的状态。问题的状态反映“哪些状态需要改善”，主要包括：基地的自然地理和社会条件、使用状态和功能特征，是否可以进行开发或再开发（可开发性评估）。

②界定问题的特性。问题的特性反映“权力介入状态可能诱发哪些冲突”，主要包括：铁路和邻近地区开发可能存在的目标冲突（如地方政府既有规划对车站邻近地区的设想与铁路运输企业

的设想存在冲突）、行为冲突（如铁路建设和邻近地区开发建设时序安排不一致，不同规划管理体系导致的主体间的行为冲突）和利益冲突等问题。

（3）认同问题

“认同问题”是在“界定问题”的基础上，进一步完善问题的解决方向（战略规划）、参与行动者的责任和解决问题的逻辑步骤（行动计划）。

“战略规划”和“行动计划”的呈现者（或提议者）应该引导各层次、各类型参与行动者根据其所关注的重点形成相应的利益群体［如，中国铁路总公司和中央政府各部门之间、中国铁路总公司和省政府之间、中国铁路总公司（铁路运输企业）和地方政府之间］，通过沟通和协商，形成其对问题的共识，使参与行动者的责任得以明确。

简言之，推动铁路城镇综合体开发建设，首先要制订关于铁路城镇综合体开发战略规划和行动计划，并将之和相关国土空间开发战略、《国家新型城镇化规划（2014～2020）》、主体功能区规划等进行对接和协调，这一战略规划和行动计划要有足够的权威性和影响力，以能吸引众多潜在参与行动者的积极性。即战略规划和行动计划对参与行动者发挥自上而下的控制作用。

2. 行为协同

通过“权益化”使行动者的行为得以协同。“权益化”包括宽容（允许行动者行使“争议”和“主张”）和赋权（使行动者具有资格“争议”和“主张”），即在“自上而下进行控制”的同时，发挥“自下而上的能动作用”。

（1）宽容

“宽容”表明，每个参与行动者都可以基于透明的规则和程序追求自身利益最大化。一方面，参与行动者可以不完全被呈现者提出的目标、条件、环境和规则所限定，而是可以充分根据自身的利益，进行“争议”和“主张”，促使“战略规划＋行动计划”

更为合理、更为明晰；另一方面，通过参与行动者的“争议”和“主张”，促使相互之间实现充分交流与协商，缔结出相互之间“一致同意”的“契约”，更有利于各项行动计划的开展。

（2）赋权

通过“赋权”，使参与行动者具有“争议”和“主张”的资格，可以保障参与行动者避免成为一个完全被动接受控制的个体，便于参与行动者根据问题情景、情境的变化而发展出“新的规则”来协调彼此的行动，从而不断改善行动绩效；另一方面，通过“赋权”明确行动者的角色定位，使之在与其他行动者的协调中能够根据自身的地位和影响力，增进与其他行动者的协调能力和效率——提升趋向于行为协同的效率。

借鉴：香港地铁公司的“赋权”

香港政府在决策修建地铁后，首先制订《地下铁路公司条例》，明确了地铁公司的市场主体地位。香港地铁公司由于需要按照条例规定的“审慎的商业原则运作”，而成为自由行动者，即可以根据自己的利益而进行行动。比如，有权决定优先修建的线路，拒绝政府不恰当的指令；市民也掌握足够的信息表达意见和进行质疑，从而才介入地铁的规划决策中，有助于提高决策质量；政府则由于受到条例规定的“如果决策造成地铁公司的损失，则由政府负责”的约束，而不敢随意插手地铁的决策，将工作重点放在制定公共交通政策上，以为地铁运营营造良好的制度环境。

中国铁路总公司具有“流动空间”精英组织的优势——能够以其利益、实践和组织能力影响着“流动空间”的特性，应根据流动空间（信息流、人流、物流、资本流等）对地方空间所带来的域外资源和价值影响机制，促进流动空间和地方空间相互嵌入，提升站点地区的金融价值，吸引更多的社会资本进行合作开发。

中国铁路总公司应在铁路城镇综合体开发中重点扮演资源整合者和综合技术集成者的角色。①资源整合：集成国家战略和启动市场资源［上承接国家战略（国土空间开发战略），下启动市场资源（社会资本）］；着眼于依托自身作为流动空间精英组织的优势，专注于为“地方”带来域外资源和影响，通过域外、域内资源的整合提升地方空间的资产价值。②综合技术集成：作为系统设计师，推动“铁路建设—地区开发—金融创新”一体化，对铁路土地实行“资源—资产—资本”一体化管理；作为新技术应用者和制度创新推动者，注重将节约集约使用土地（紧凑城市、立体化等设计技术）、低碳城市、智慧城市等新技术应用于空间开发中。为此，中国铁路总公司应该，①将总部层次的管理工作从重行政管理、重资产管理转向重资本管理，通过“资源—资产—资本”一体化管理系统建设，以土地资本化为重点，把土地管理和金融创新有效结合起来，顺应土地与证券化等关系越来越密切的发展趋势；②调整和提升公司的组织体系，以适应铁路土地综合开发需要对空间组织、产业演替、社会网络重构、交通设施建设、公共政策制定、体制机制建构和市场运作等要素进行系统集成的要求。

3. 利益整合

“利益整合”的作用在于激励参与行动者被“摄入”，包括价值创造和价值分享两个层次。

（1）价值创造

价值创造包含如何实现“资产的更有”（资产价值增值）和“能力的更有”（能力价值增值）。

实现“资产价值增值”，意味着参与行动者需要合作建构一种要素整合机制，促使站点地区“链接外部资源”并促成产品创新。具体来讲，对站点地区所链接的各种要素或机制（铁路和其他交通、地面和地下、机动化和非机动化、产业部署、财务筹划、开发机制等）进行整合，并与流动空间的核心力量（资本流、技术流、信息流、人流，等等）进行相互嵌入，使之发挥1+1>2的效果。

实现“能力价值增值”，意味着参与行动者需要着眼于健全一种协作机制，在参与行动者中创造出一体感，淡化相互之间的冲突，从而提升相互之间的凝聚力，使群体的智慧得到有效的综合——知识创新，以更有效地解决问题。

（2）价值分享

对于“资产价值增值”，应该通过明确各参与行动者的“权能”，使参与行动者可以基于其掌握的资源，在互动和协调的过程中争取到更大的利益空间，即通过“权利交换机制”进行资产价值的分享。

对于“能力价值增值”，需要构建一种机制——综合集成平台，作为多种专业之间进行多方位、多层次的沟通合作的凭借，使得铁路及其附属设施，以及邻近地区用地可以进行统一部署，共谋发展，并让参与行动者在此过程中进行知识的共享、转移和创新。

4. 价值呈现

“利益整合”一旦达成，就表明主体对于客体的感知反应已经达到“满意”的状态——“新的结构”形成。这意味着，铁路城镇综合体的价值（性能价值、场所价值和意像价值）已经呈现出来，可以进行指标化描述（表5-1），而且参与行动者之间也已达成关于如何维护利益的一系列“规则”。

表5-1 铁路城镇综合体开发价值指标体系

目　标	第一层级	第二层级	评　价　因　子
铁路城镇综合体开发价值	性能价值	空间形态	空间布局的合理性
			建筑物之间连接的合理性
			公共设施的可达性
		功能组织	整体功能结构的合理性
			土地使用强度的合理性
			核心区功能结构
			公共设施的分布及服务水平

续上表

目　标	第一层级	第二层级	评　价　因　子
铁路城镇综合体开发价值	性能价值	交通条件	各种交通方式的出行条件
			衔接换乘的便捷性
			与外部交通的联系
		环境影响	自然资源与景观的保护、绿化条件
			噪声、空气污染程度、私人交通使用程度
			建设活动对日照、空气、风力等的影响
			能源的使用效率
			污水处理
	场所价值	社区建设	人与自然接触的可能性
			开放空间的数量与分布
			享受公共空间的自由度
			活动场所的丰富性、居民的相容性
		经济效果	人口结构、产业结构
			土地价值的维护
			就业和税收的影响
		地区管理	投资环境的改变
			给居民提供的服务
			对投资者声誉的影响
			住户的生活质量
			就业空间的变化
	意像价值	独特性	历史遗迹和文物的保护
			视觉的美观与吸引力
			标志性和可识别性
		影响力	具有个性的路标
			具有品牌影响

借鉴：香港“轨道＋物业”模式的“规则”

（1）认知性规则：拥挤社会的生存方式，通过人性化服务和设计让市民能坐上“有尊严”的公交。

（2）规范性规则：分别按工业用地和非工业用地进行土地集约使用效果的评价；依据《收回土地条例》征收土地，政府应给受征收影响的当事人公平和合理的补偿；依据《地铁公司条例》及相关条例，规范沿线地区的规划及投资经营行为。

（3）规制性规则：①诱导：通过财政措施限制私人小汽车发展；②管制：依据《城市规划条例》、《建筑物条例》、《建筑物（设计）规例》等法规而实行法定管制；通过批地条约、发展密度分区及密度管制和设立特别发展管制区实施非法定管制。③法律措施：一切土地开发与建设都要受到交通影响评价和环境影响评价的约束；除非得到城市规划委员会的批准，任何土地开发项目（包括政府的特别开发项目）都不能超越法定图则的规定；地铁公司拥有在车站及车辆段上部及其邻近范围进行物业开发的权利。

由于铁路城镇综合体具有网络依赖性，以及铁路城镇综合体开发建设处于新的时空范畴（国土空间趋向网络化国土空间系统和资本循环从第二循环迈入第三循环），其开发价值评价的视角发生了两个转向：①从本土市场转向“本土市场—区域市场”；②从适应于资本第二循环的重资源禀赋分析转向适应于资本第三循环的重产品创新分析，因而需要基于“市场变迁—资本循环”框架建构铁路城镇综合体开发价值“寻求机制”（图 5-1），而不仅仅是“评价”。大阪北 GRANDFRONT 项目，也可以说是通过这样的“价值寻求机制”获得成功的。

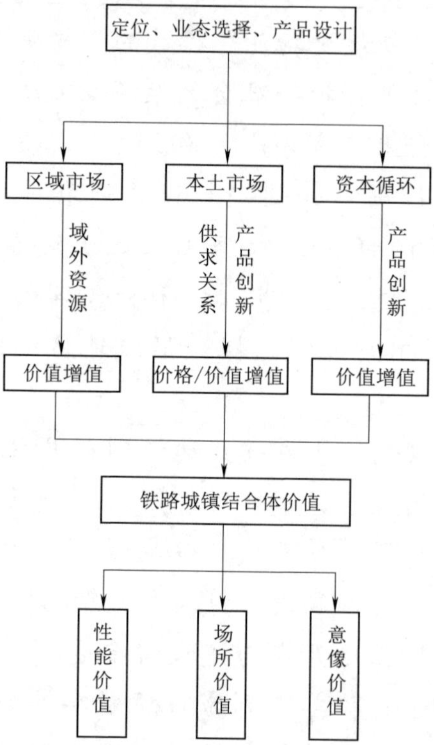

图 5-1 铁路城镇综合体开发价值寻求机制

5.2 边界与底线：划定开发建设活动的“空间”

“边界”与“底线”共同明确参与行动者进行行动的“空间”。前者明确参与行动者进行“斗争”和“和解”的时空范畴；后者明确参与行动者分享空间开发价值的基本准则。

1. 边界

“边界”提示铁路城镇综合体确定选址、规模、定位、业态选择和开发时机的基本原则。①从权力逻辑角度：是否符合空间管制（主体功能区规划、城市规划、土地利用规划）以及相关专项规划（新型城镇化规划、国土空间开发战略，等）的要求，是否支持资本寻求新出路（支持科技创新和体现社会福利），是否满足地方财政的稳定。②从资本逻辑角度：制度建设、文化特征、经济现状（发展水平、经济特性、产业结构、市场状况）、对外经济联系、发展趋势是否适宜资本固着（fix）。③从技术逻辑角度：可达性及其引起的劳动力供给、区位条件变化能否适应资本的固着（fix），空间开发中所应用的技术（或支持的技术创新）是否满足资本的欲望（适应资本从第二循环迈入第三循环）和权力的渴求（支持资本固着、节约集约使用土地，等）。

开发项目位于权力逻辑、资本逻辑和技术逻辑共同限定的时空范畴，表明项目与权力逻辑、资本逻辑和技术逻辑具有邻近性。具体可以从流量、连接性和接口三个方面进行衡量。

（1）流量

“流量”主要根据城市的人流、物流、资金流、技术流等进行衡量。值得优先考虑投资的地方是：①人口净流入、资金净流入的城市或地区（表明具有很强的产业和人口导入趋势）；②具有重大项目或先导产业落地的城市或地区（表明将会带来资金流、人流、技术流、物流）；③具有强大旅游人流量的城市或地区（表明具有独特旅游资源）；二手房交易频繁（表明资金流入的活跃程度）的城市或地区。

（2）连接性

“连接性”主要从所选地区及项目和具有高度发展潜力城市或地区的连接情况进行衡量：①是否处于高铁网络交叉点；②自身面积是否适中，距离主城区远近程度；③是否属于现有大城市（一、二线城市）中心区及依托建成区外扩的新区（如，上海浦东、南京江北新区、重庆两江新区、广州南沙新区、苏州工业园区、长沙湘江新区、陕西西咸新区、郑州郑东新区、济南滨河新区、合肥滨湖新区）。

相应地，慎重考虑的地区为：①处于转型（产业转型、经济结构转型）中的城市；②离现有二、三线城市建成区偏远，或者面积过大，或者旧城区经济发展动力不足的新区。暂不宜考虑进入的地区为：①与主城区完全分离，且面积过大的新区；②产业衰落，人口净流出、暂无具有主导意义的新兴产业落地的城市。

（3）接口

“接口”主要根据所选项目和资本循环及新技术应用的适应程度以及国土空间发展重大战略的吻合程度衡量。①是否属于支持科技创新项目（如高新技术产业园区、新兴产业集群地区）；②是否属于体现社会福利项目（如旅游地产、养老地产和棚户区改造相结合的项目，等）；③是否属于可以应用新技术的项目（如，互联网＋、智慧城市、低碳城市，等等）；④是否属于可以尽快实现证券化的投资项目（如，既有站场周边地区改造更新的项目，等等）；⑤是否位于国土空间发展重大战略影响区（如一带一路战略、长江经济带战略、京津冀一体化战略、福建沿海开放战略，等）。

当下应重点探讨如何基于客户需求、移动互联网技术和铁路运输网的整合，创建“互联网＋地产 O2O”运行体系，整合依赖互联网聚集人气的商业、旅游、养老、休闲农业等项目，在资本市场塑造铁路土地综合开发新概念（可以通过新三板上市，继而反向通过资本市场的增发或并购，解决铁路城镇综合体所需要的投入）。

2. 底线

“底线”是“空间正义”的具体体现，即以包容性增长（inclusive growth）模式推进铁路城镇综合体开发建设。

包容性增长倡导一种机会均等的增长，即强调经济与其他方面的同步增长。①倡导城市与乡村、沿海与内陆、东部与中西部的协调发展，逐步缩小以前存在的发展差距；②增长方式应转向环境友好型、资源节约型的绿色增长和低碳增长；③通过“公众参与”和“共享增长”使经济机会惠及每一个个体，确保每一个个体获得公平的机会。

在铁路城镇综合体的开发实践中，包容性增长可从两个方面进行落实：①精明增长（smart growth）；②土地增值收益公共还原（public redistribution）。

（1）精明增长

精明增长是一种高效、集约、紧凑的城市空间增长模式，于20世纪90年代在美国提出，核心内容是：通过内填式（infill）发展、城市增长边界确定、交通导向发展（TOD）、回归传统邻里的城市设计，促进近期和远期的生态完整性，提高生活质量。

精明增长在美国产生了不错的效果。这主要归结于国家、州和地方三级政府的大力扶持、相互配合及其导向作用：联邦政府从预算及财政资助方面、州政府从政策制订以及超区域协作方面、城市政府从具体实施等方面都发挥了积极作用。此外，还重视通过运用法律、经济、行政等工具，对实践活动进行调控和保障。

借鉴：城市开发中体现“精明增长”的基本做法

——为不同收入的人群提供有质量保证的住房；

——创造可步行的邻里；

——营造有强烈场所感的场所；

——使发展决策可以预见、公正及财政上可行；

——鼓励社区合作；

——土地混合使用；

——保护开敞空间、田园土地和生态敏感区；

——提供多样化出行选择，鼓励使用公共交通；

——充分利用已开发的土地和基础设施；

——鼓励土地紧凑使用。

（2）土地增值收益公共还原。

土地增值收益公共还原以两种方式实现：①对利益受损者进行合理补偿；②对铁路投资建设者进行价值回馈。

由于铁路本身并不会产生巨大的经济效益，但它服务于因经济活动而产生的人员流动，并让铁路所连接的节点进入网络中进行竞争。既然存在竞争，就必然存在此消彼长的结果。主要体现在，经济要素通过铁路进行转移，使得在竞争中被击败的节点急速衰落，而其他节点则可迅速崛起，衰落的地区则需要付出巨大的成本才有可能扭转局面，甚至根本无法扭转局面。在此需要说明，铁路站点地区的土地增值很多情况下是一种价值的转移，即铁路站点的土地价值上升，可能是其他地区的经济活动转移到这里的原因，此得彼失，失者承担了土地增值的成本，而得者享受了土地增值的成果。因此，不能简单而笼统地将铁路站点地区土地增值收益笼统地还原给铁路投资建设者，需要根据增值收益的构成进行合理的分配，包括对利益受损者的补偿。

对铁路投资建设者进行价值回馈通常有两种方式：①直接方式，包括财政补贴、征集税费和其他强制性征集费用（如设立基金）三种；②间接方式，通过许可铁路运输企业开发车站毗邻土地，开发所得利益通过内部转化的方式直接转化为铁路建设资金。

日本铁路建设的土地增值收益还原分为直接和间接两种类型，见表 5-2。

表 5-2 日本铁路建设的利益还原方式

<table>
<tr><th colspan="3">方式</th><th>方式的概要</th><th>事例</th></tr>
<tr><td rowspan="2">直接返还方式</td><td colspan="2">1. 铁道事业者直接开发土地的方式</td><td>具有全部利润内部消化的特点，但难以吸收自己以外的开发收益
事业实体受到制约
有利于铁路规划和开发规划的结合</td><td>私铁
多摩田园城市（东急田园都市线）</td></tr>
<tr><td>2. 土地开发者负担的方式</td><td>(1) 负担金方式</td><td>根据有关制度，如“都市区开发者负担制度”等，确定铁路收益范围和收益额，征收相应的负担金</td><td>多摩都市区（如京王、小田急）
千叶新市区（千叶新市区线）
神户市营高速铁道
泉北高速铁道
神户电铁公园都市线
南港、港区联络线
广岛新交通系统</td></tr>
</table>

续上表

<table>
<tr><th colspan="3">方 式</th><th>方式的概要</th><th>事 例</th></tr>
<tr><td rowspan="3">直接返还方式</td><td>2. 土地开发者负担的方式</td><td>(2) 提供用地方式</td><td>通常做法，如提供规划开发区内的铁路用地、站前广场用地等</td><td>铁路线中途有许多设立车站的申请</td></tr>
<tr><td colspan="2">3. 发行债券方式</td><td>铁道事业者向土地开发事业者发行债券，广泛筹措资金的方法，但资金筹措不稳定</td><td></td></tr>
<tr><td colspan="2">4. 股票方式</td><td>能够广泛筹措资金
铁道事业实体，限于第三部门或私铁</td><td></td></tr>
<tr><td rowspan="3">间接返还方式</td><td rowspan="2">5. 课税负担方式</td><td>(1) 来自土地所有者的返还</td><td>对铁路沿线用地使用价值增加的部分，开征税收的一定额度作为受益者的返还
通常做法是，由地方先行支出以将来增加税收的方式回收（固定资产税、城市规划税等）</td><td>一般的公共设施建设多基于这一考虑</td></tr>
<tr><td>(2) 来自收益企事业的返还</td><td>从因开发而收益的企事业获得，以法人市町村税的增额、企事业税方式返还收益
对于住宅地的开发，有相应的开发税制度
由于企事业的行业不同，会产生税收负担的差别</td><td>仙台市营地铁（以企事业课税方式回收基金财源）
宅地开发税尚无运用的事例（以低税率、宅地开发指导纲要代替）</td></tr>
<tr><td colspan="2">6. 基金方式</td><td>能够广泛筹措资金
根据条例设立“基金”，以此充作财源</td><td>仙台市营地铁等</td></tr>
</table>

来源：上海市人民政府发展研究中心：大阪—上海都市开发交流研究报告，转引自：赵民、陶小马编著，《城市发展和城市规划的经济学原理》，高等教育出版社，2001。

新加坡政府的做法很值得借鉴：在城市基础设施和住宅、工业等项目的建设中，政府投资都占有支配性的地位，因此能够严格控制土地的分配和使用。在轨道交通系统尚未建设时，就已经按照TOD模式进行规划布局并预留用地。这样既可以保证土地利用最终符合公共交通服务的要求，并可在地铁修建后且地区发展到一定程度后再出售预留土地，这样可以得到比较好的收益。

明确“底线”的意义在于：在确保公众利益的基础上，允许各参与行动者基于其利益（市场诉求）与公共利益博弈后取得共识（内容涉及控制性详细规划中强制性以外部分的指标和要求，如用地规模、布局、开发总量，等等），有助于更好地提升铁路城镇综合体开发建设的绩效。

“底线”应通过铁路城镇综合体开发战略规划、城市总体规划层面的铁路站点分区规划和控制性详细规划（编制或修编）及设计导则得以明确。

5.3 工具：运用什么“机制”促使开发建设效果更好

“工具”集合了铁路城镇综合体开发建设整个过程和各个重要环节的绩效改善机制，包括“简化”、“并置”、“策略”和“粘联”，分别应用于改进参与行动者进行行动的“方向”、“方式”和“途径”，并使得参与行动者进行行动所获得的“成果”得以巩固。

1. 简化：改进“目标协同”

“简化”的作用在于，通过改进铁路城镇综合体构成要素的时空联系，促使参与行动者的行动趋于一致的“方向”，包括多层次统筹、多区域协调和多维度整合三方面的内容。

（1）多层次统筹

根据国土空间开发战略，以及各个层次（国家、城市群、城市、区县和乡镇）空间管制的要求，综合铁路网络生成对国土空间开发机会的影响，通过自上而下的统筹规划，依次形成网络、走廊和站点层次的铁路城镇综合体规划（图 5-2）。

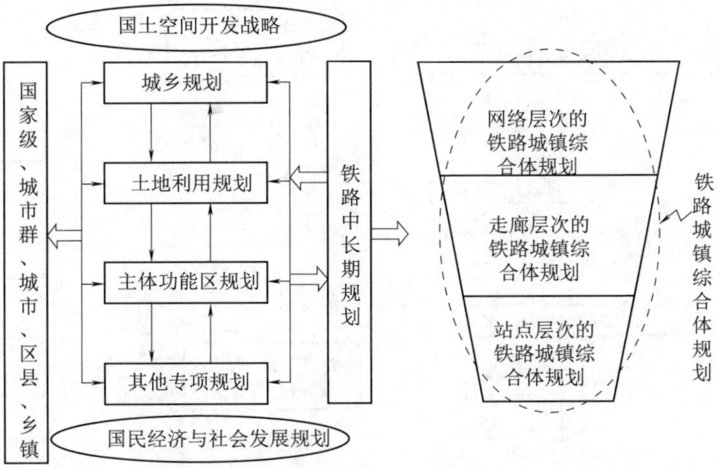

图 5-2 铁路城镇综合体开发建设的多层次统筹机制

（2）多区域协调

尊重铁路城镇综合体涉及的不同区域不同等级城市在利益表达中的平等权利，通过制度化的信息传递、协商和表达回应的流程，促进政府部门之间建立起良好的关于铁路城镇综合体开发政策的实施框架，设置清晰的政策传达和管理路径，实现在充分对话和自由交流沟通中就如何开发建设铁路城镇综合体达成一致的认知和协调各自的行动（图 5-3）。

（3）多维度整合

铁路城镇综合体的开发建设，是以铁路建设为先导，以促进地区开发为依归，两者之间的功能融合和结构匹配必须参与和建构资本循环，使资本需求和空间生产相匹配，以满足资本迈入第三循环提升创新能力，提高人的素质和社会福利水平的必然要求。事实上，作为一种大规模的城市开发建设活动，铁路城镇综合体的开发建设必须依赖于高效的多层次金融体系（包括完善市镇债、资产证券化等金融创新），盘活存量资产、资金，优化增量资金；构建高效的公私合作关系（以适应项目治理体系的创新，如 PPP）。

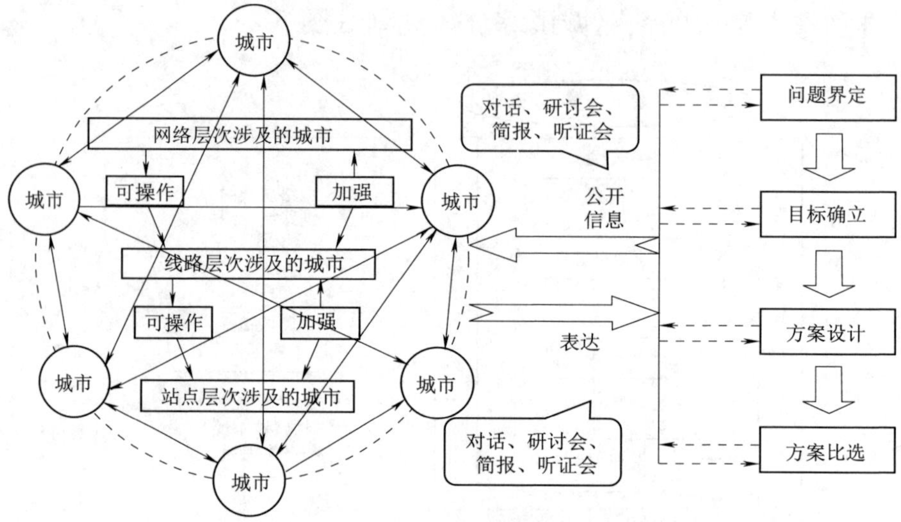

图 5-3 铁路城镇综合体开发建设的多区域协调机制

因此，铁路城镇综合体开发建设是铁路建设、地区开发和金融创新相融合的产物（图 5-4）。

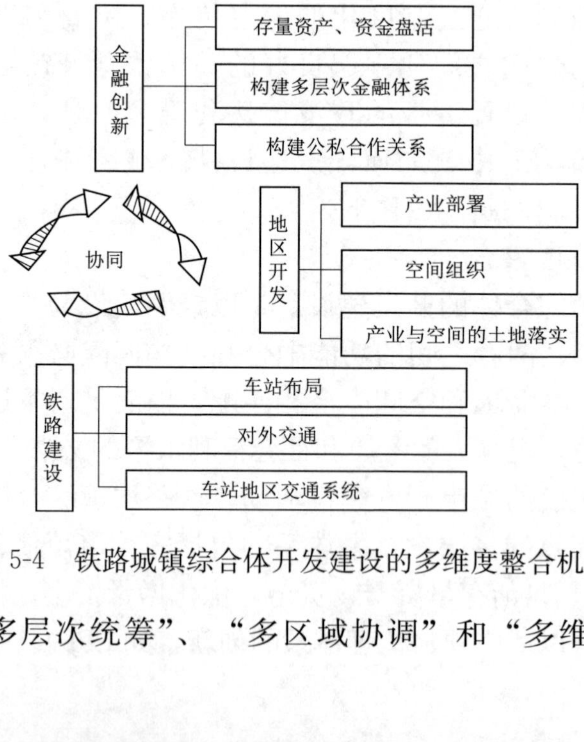

图 5-4 铁路城镇综合体开发建设的多维度整合机制

通过“多层次统筹”、“多区域协调”和“多维度整合”的

“简化”，形成铁路城镇综合体的战略规划和行动计划（图 5-5）。

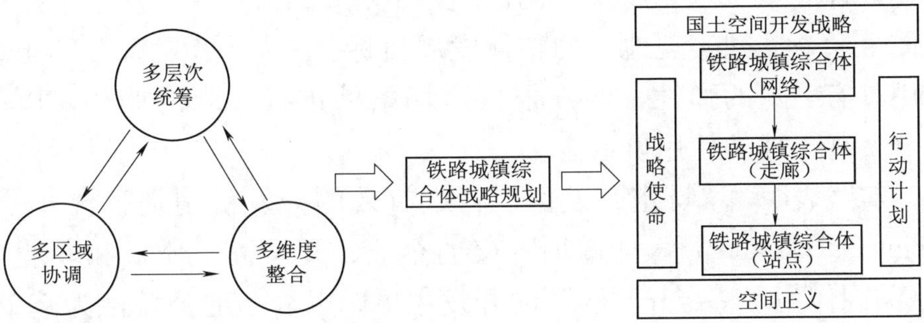

图 5-5　铁路城镇综合体开发建设的目标协同

2. 并置：改进“行为协同”

“并置”的作用在于改进参与行动者的行动“方式”，提升形成一致的行动（行为协同）的效果，包括特定开发区（Special Development Area，SDA）和权能赋予。

（1）特定开发区

“特定开发区”外在表现为铁路建设用地和毗邻区域所围合而成的一个特定用地范围。实质上，它更是一种场域，包含着多种机制（吸收社会资本的机制、冲突化解机制、功能协调机制，等）（图 5-6）。

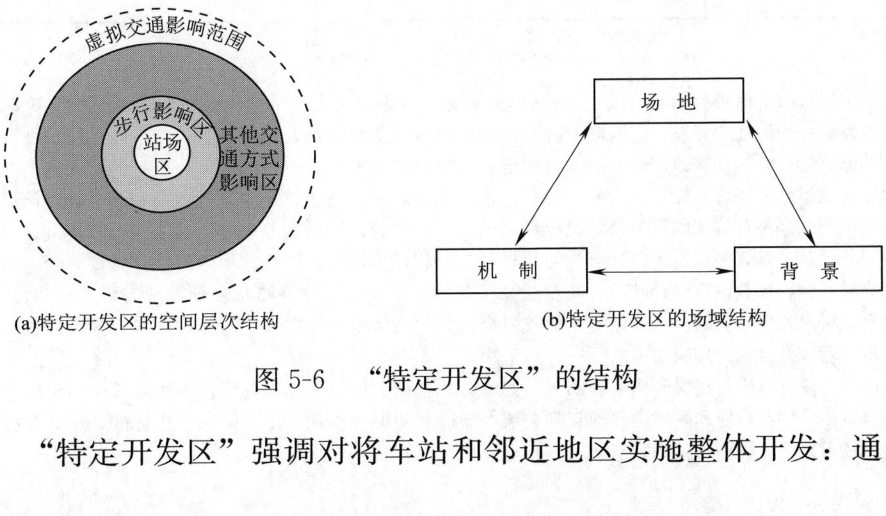

图 5-6　“特定开发区”的结构

“特定开发区”强调对将车站和邻近地区实施整体开发：通过

确定“特定开发区”的发展远景，对“特定开发区”提出开发目标、设计导则及实施策略，引导各项分散的开发活动相互配合，彼此带动，共同实现地区的整体发展目标。“特定开发区”的土地使用具有一定的弹性，允许根据市场条件进行适当的调整，以便充分实现土地的使用价值。

实践表明，“特定开发区”行之有效的开发机制是联合开发①(Joint Development)，即政府、交通企业、开发商、公众和专业机构②共同作为“特定开发区”的开发主体，以社会的公益性为基础，依托政府的协调能力，吸引私人机构的资金、商业运营技术和管理方法，以宏观控制下的市场化导向进行“特定开发区”的开发，在满足公共利益的同时也能使私人投资者的投资能到合理的回报。

为保证“特定开发区”的设计目标贯穿整个开发过程，必须建立强有力的保障体系。

借鉴：香港地铁的综合开发区（CDA）

将划入综合开发区（CDA）的土地使用、基础设施建设、房地产开发和交通系统的建设和营运整合为一个整体进行策划、规划、设计和建设，使得CDA规划编制、审批、公众咨询、检讨和修订都必须经过一整套严密的程序，这样可以维护CDA的权威性和在实施中运用多种管理手段的合法性，从而达到各

①美国城市土地协会编著的《联合开发——房地产开发与交通的结合》一书对联合开发的定义是：联合开发是一项房地产开发，它依赖于运输设施所提供的市场活动及区域利益，与大众运输服务和车站设施紧密相连。这种房地产开发活动包括地下通道、过街天桥、人行横道等非直接的行人通道及通往地铁站的道路。联合开发不仅指公共和私人合作的实际建筑行为，还包括双方的密切合作，因而需通过书面契约来规范彼此的行为，即规定私人团体、各主管运输机构及国有团体之间的权责利。联合开发对于公共与私人的利益各得其所：公共与私人设施成本降低，提高客运系统使用效率，运输资本支出有效控制，提升城市设计品质，开发者的投资回报率提高，并可控制和管理城市的成长与发展。联合开发可以避免传统的由政府包揽事务或完全被利益主体牵制的弊端，通过发挥各开发主体的积极性，提高管理效益和管理决策中的公平、公正性。

②在开发过程中起到媒介作用的团体，如设计、咨询、承包商等机构。这些团体的作用仅次于政府和开发商，但在政府和开发商之间起到交流、沟通和协调的作用，是不同利益主体的理想和目标得以实现的策划者，因而称其为第三部门。

项空间要素和开发活动都能够相互配合，形成一个完整的、彼此带动的空间体系。因此，通过设立“特定开发区”，有助于促使铁路和周边地区开发协同发展。

（2）权能赋予

土地增值由土地价格增值和土地价值增值两种机制共同决定①，并以动态的形式体现在土地征收、土地出让、房地产开发和房地产经营多个阶段。解决好土地增值利益分配问题需要通过权能赋予②，使铁路城镇综合体开发建设的参与行动者平等地拥有进行利益博弈的能力——土地开发权③（land development rights），在规则的约束和引导下通过博弈达到各自利益的最大化（图 5-7）。

“权能赋予”的要点是：①所有土地开发权权利人的利益均按土地开发权进行衡量，除了可以按市场价值予以补偿外，也可允许土地开发权权利人以其权益参与合作开发，依其土地开发权分享开发所得利益；②纳入特定开发区范围的土地必须按照“特定开发区”设计方案（其中必须明确铁路及相关市政配套设施所需

---

①其中，土地价格增值包括土地供求关系变化增值和土地用途变换增值；土地价值增值由各种增值要素（土地、资本、技术、劳动、管理）投入和整合决定。

②由于土地已经固化了土地产权人的空间利益关系，按照传统的根据要素分配土地增值的思路，显然无法解释和处理土地增值收益中唯一的所有权主体（政府）和多维的产权主体之间的利益分配矛盾问题，因而需要尊重产权人所拥有的追求增值利益分配的权能对于利益分配的决定作用——利益是权能的目的，权能是获取利益的手段。

③土地开发权制度的建立始于 1947 年英国的《城乡规划法》。该法通过设定国家所有的土地开发权，控制土地所有权人开发土地的行为，任何人要改变土地使用类别，进行开发建设必须向政府购买土地开发权；反之，政府变更私有土地的适应类别导致土地价值降低的，应当对受损失的土地所有权人进行补偿。英国设立土地开发权的目的在于建立一种对土地开发行为进行有效控制的机制，并确保土地增值的收益归国家所有。我国学者认为，土地开发权是基于实现土地所有权的需要而产生的一种财产权，由土地所有权人享有。其权利外观体现为土地所有权权能的实现，其内在依据是土地所有权，因此，土地开发权是一种物权性的权利。但是，由于其与土地所有权之间的紧密联系，土地开发权不能单独让与，而只能通过所有权权能分离的形式进行转移，即土地开发权是土地所有权人对土地享有的期待利益的一种法权表现形式。从经济学的观点看，土地开发权是对空间资源进行分配和利用（并授权其所带来的收益）的一系列权力；也可以理解为一种城市开发活动的收益，其大小取决于两个内部要素：土地使用性质和土地使用强度，这两项内容都是通过规划而后天获得的。土地开发权拥有者拥有对土地占有、处分、使用和收益的权能，因此，可以在制度设计上通过土地开发权交易对土地开发中的增值收益进行分配和平衡。

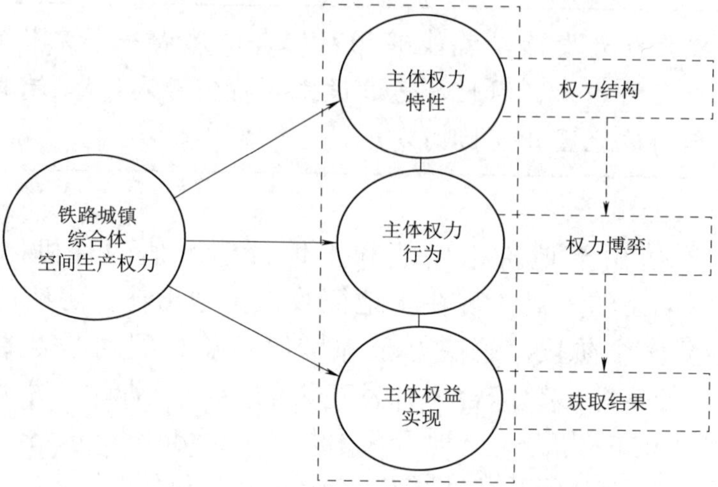

图 5-7　铁路城镇综合体开发建设过程中的权能关系

土地及建设条件）进行统一开发，除铁路及相关市政配套设施所需土地外，其余用地一部分作为对土地开发权权利人的补偿，一部分通过招标转让进行开发（具体由土地开发权权利人按照一定的程序予以决定）；③允许土地开发权转让、交换（如，由于土地使用性质或开发强度的改变对土地开发权权利人造成损害的，通过指标转移等手段给予补偿；新建站场地区暂未具备市场条件的用地，允许通过与其他土地开发权进行交换进行开发）。

这种做法，有利于原有土地使用权人直接参与，开发的利益分配能够直接体现原有土地使用权人的意愿，避免了开发过程中各种矛盾和冲突。

3. 策略：改进“利益整合”

“策略”的作用在于通过改进价值创造和价值分享机制，使得“利益整合”趋于效用最大化。

（1）价值创造：产业基金＋系统设计师

价值创造机制包括两个：ⓐ通过产业基金改进“资产价值增值”；ⓑ通过系统设计师改进“能力价值增值”。

①通过产业基金改进“资产价值增值”

由于流动空间的“链接”作用，“流动空间”和“地方空间”

发生了相遇和相互嵌入。前者为“地方空间”带来域外资源和影响，对“地方空间”进行解构和重塑；后者承接域外资源和影响，为“流动空间”的各种力量提供固着（fix）地。因此，铁路城镇综合体的开发价值源自“在场”和“不在场”的各种有形、无形要素的整合。这些要素的相遇和整合，有赖于一种精英组织的引入——该精英组织能够以其利益、实践和组织能力影响着“流动空间”和“地方空间”相互嵌入的内容和结局。显然，具有这种力量的精英组织，必然是金融资本——能够把所有事物都货币化并在全球范围内流动。

因此，应该成立针对铁路城镇综合体开发建设的产业投资基金，作为链接“流动空间”和“地方空间”的核心机制（图 5-8），把各种“流”（人流、物流、资金流、信息流、技术流，等等）和地方的各种因素或机制（政治、制度、资源、产业、文化，等等）有效地整合起来，以货币化的方式使之纳入“流动空间”，顺应城市开发与资产证券化等关系越来越密切的发展趋势[①]。

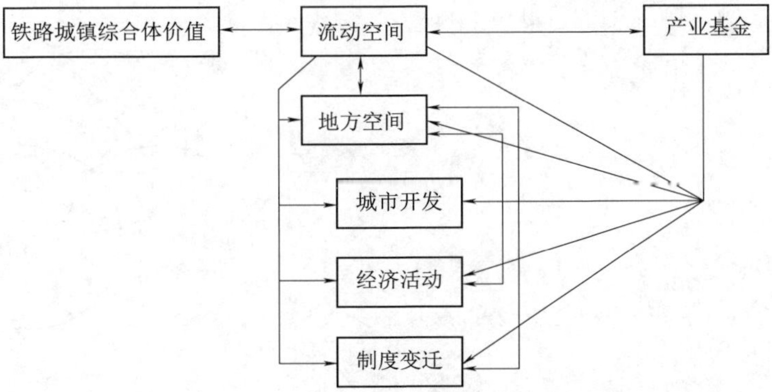

图 5-8 产业基金的资产价值创造机制

①本课题组在思考铁路运输企业开发婺源站前开发战略时，基于旅游产业的价值在于人气、数据的现实。提出：铁路运输企业应跳出“拿地盖房子”的传统开发思路，转向从做“流”入手，利用铁路总公司的 12306、全国铁路网，从“互联网＋”出发，与整个婺源的旅游产业（不是某一个项目）合作——“流动空间”和“地方空间”相互嵌入，还可以通过产业基金的整合，建构一个可以在新三板上市的“互联网＋房地产 O2O”。

中国铁路总公司应联合资本力量组建产业基金，作为铁路城镇综合体开发建设的核心机制。产业投资基金不仅仅要整合国内资源，更重要的是利用全球智慧，将全世界好的产品、内容、资源、合作伙伴整合进来，实现产品创新。

②通过“系统设计师”改进“能力价值增值”

“系统设计师”是协调铁路建设、地区开发和金融创新三个知识模块运作的综合集成平台（图 5-9），其工作机制涉及：业务交易、信息共享、知识交流、能力互补与平台整合。这一平台通过制定主导规则，鼓励不同成员模块知识和能力要素之间通过不断调整与适应，以使得知识成员一方的知识向另一方渗透，镶嵌于另一方的组织与能力结构之中，并形成知识反馈，回流到原组织模块中。其运作将在三个模块的界面生产出“新的知识”——参与行动者获得的“能力价值增值”。

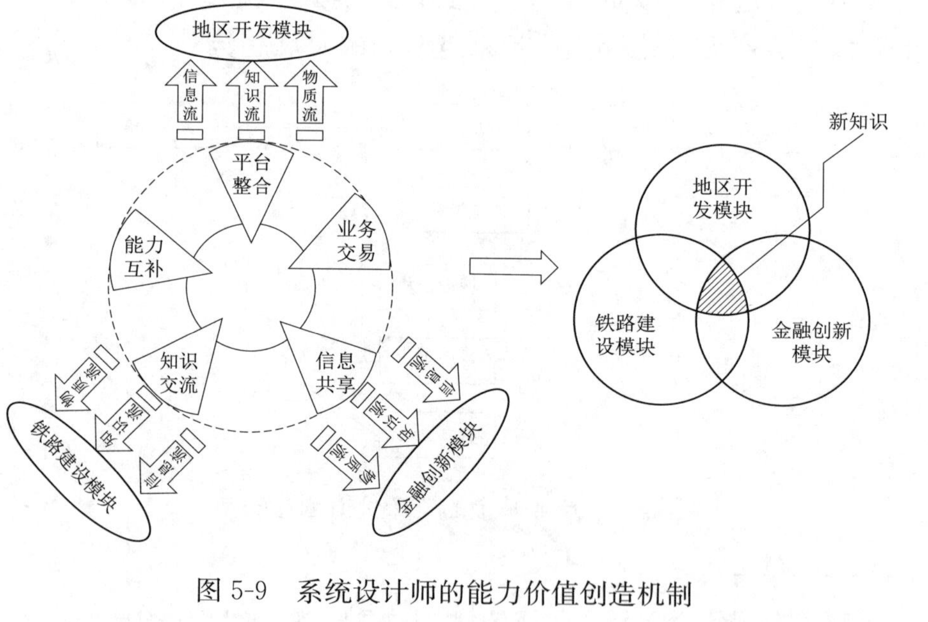

图 5-9　系统设计师的能力价值创造机制

中国铁路总公司可以借助独立于铁路建设、地区开发和投融资领域的第三方力量组建系统设计师。

“系统设计师”具有全程跟进，对各个层次、各个阶段和各个项目的开发、设计和投融资方案进行审议和监督的职责；同时，改变原有的设计机构与设计管理部门之间的管理与被管理、审批与被审批的关系，建立起能够彼此互动、相互协作的合作关系；此外，利用多种交流方式，鼓励设计师和社区组织、居民和社会工作者合作，吸引公众参与讨论。

（2）价值分享

①资产价值分享：土地开发权

铁路站区土地开发权由铁路建设用地和毗邻区域（归国家和集体所有，具体由地方政府行使所有权和开发权）两部分组成。每一部分的价值增值都包含价格增值和价值增值两部分。前者属于非规划因素导致；后者属于规划因素导致。显然，铁路建设给车站地区土地价值带来了规划因素的影响，土地增值应和铁路投资者分享[①]。

基于此原则，需要重塑土地增值收益分配原则：在土地收益分配过程中，将土地开发权分为非规划土地开发权和规划土地开发权，前者归地方政府；后者应与铁路建设投资者分享（图5-10）。

事实上，对于新建站场邻近土地，开发商在“招拍挂”情境下所支付的土地出让金，已经包含了基于规划因素土地增值的市场预期，即由于铁路规划因素所带来的土地增值收益通过土地出让金由地方政府获得了；对于既有车站邻近地区，规划因素（如站场改建、重建）带来的土地增值，由原有产权人通过物业租金上涨或转让价格获得，地方政府也可以通过水涨船高的租赁税或物业转让契税来分享该规划因素导致的土地增

①可见，铁路站点地区开发的市场价值包括两个部分非铁路建设利用状态下的土地市场价值和体现铁路建设利用的土地开发权价值，前者包括土地出让时体现的土地供求关系变化增值和土地用途变换增值；后者包括由铁路建设所带来的区位价值和其他因素整合而来的土地增值。从理论上看，地方政府获得非规划因素土地增值；开发商或使用者获得非规划因素土地增值并分享规划因素土地增值；铁路建设者应该分享规划因素土地增值。

值。因此，无论新建站场开发，还是既有站场改建，铁路建设者都可以和地方政府分享土地出让金或物业租赁税或物业转让契税[①]。

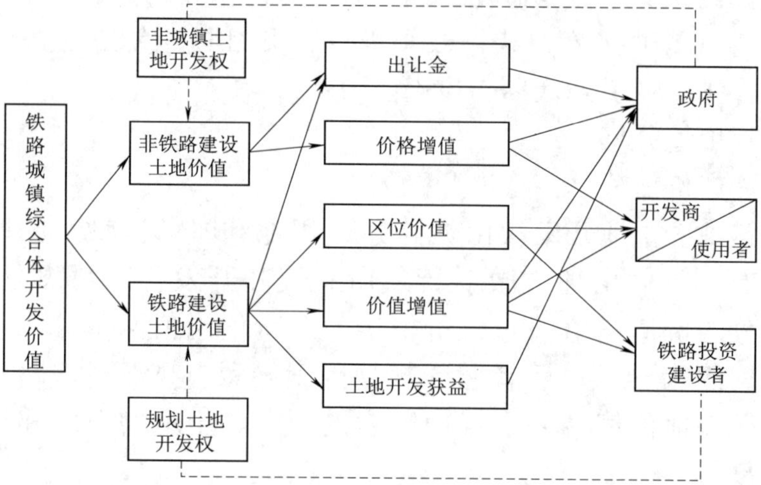

图 5-10　铁路城镇综合体开发价值的分配

建议三种铁路建设者分享土地增值的方式：ⓐ对于新建站场，明确铁路投资建设者拥有车站用地的规划土地开发权；地方政府则应以该车站邻近土地用地指标和车站用地的规划土地开发权进行对价（地方政府获得该邻近土地用地指标必须向铁路投资建设者支付对价）（图 5-11），也可以由地方政府和铁路投资建设者商定在土地出让条件中列明由开发商分担铁路及其他基础设施费用的形式体现。ⓑ对于既有车站改建或重建对邻近地区产生的土地增值，则由地方政府和铁路投资建设者商定由地方政府在征收物业租赁税或转让契税中，铁路投资建设者应分享的比例（也可双方商定一次性兑现）。这些，需要在制定“37 号文”实施细则时进一步明确。ⓒ铁路投资建设者参与土地一级开发。

①当然，在实际操作上由于交易成本过高而存在一定难度。

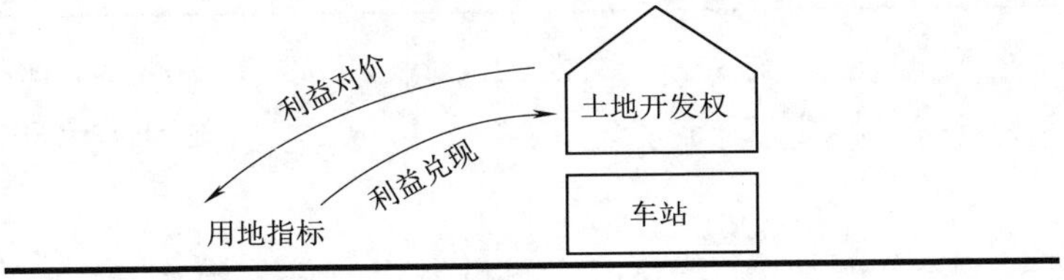

图 5-11 铁路车站土地开发权与邻近地区用地指标交换机制

②能力价值分享：联想结构

“联想结构”是一种从所有参与行动者的观点看待“如何将铁路及其附属设施，以及周边开发用地进行统一部署”，并共同确认目标的过程，包括一系列方法（价值管理、风险管理、伙伴关系和项目评估等）的组合。

依托“联想结构”，通过铁路建设、地区开发和金融创新各知识模块交织、整合、流动与反馈，使各知识模块的成员可以通过各种环节的知识利用与整合提升，使其潜能不断地挖掘和释放——能力价值获得分享。

借鉴：香港地铁的“联想结构”

香港地铁的规划和工程设计实践中，广泛应用了英国大卫·斯蒂文斯（David Stevens）博士发展出的一种处理多种专业知识的多主体设计法。它是一个引导个体利益相关者“必须从所有其他利益相关者的观点看待项目目标，并共同确认目标”的过程，包括一系列方法（价值管理、风险管理、伙伴关系和项目后评估等）的组合。这些方法的组合遵循着一个大致固定的讨论问题的程序与方式——“联想结构”。

讨论问题的程序包括 4 个阶段：①对项目的主要特征及其环境条件进行界定，并明确告知利益相关者有关该项目的目标和限制条件。②进行信息收集，包括陈述意见、提出问题和形成观点三个方面的内容。③利益相关者通过辩论，一致赞同项目的基本功能，但不是就什么是目标达成共识；④利益相关者就相互冲突的观点达成一致意见，最终形成少数几个观点或者达成一个优先选择的方案，或者达成某个解决方法的候选方案。

问题讨论包括 4 个方面：①个体利益相关者作出决策时，必须进入一个有其他利益相关者参与的场所，并在此背景下作出决策或解决问题；②群体汇集在一起时，首先要找出他们一致认同的目标，寻找能够代表各个目标的共同方面——提出“为什么”的问题；③一旦共同目标予以确定，他们必须迅速提问，为什么要寻求实现那些共同目标；④他们进而提问，将怎样达到这些共同目标——提出“怎么样”的问题。

4. 粘联：巩固“价值呈现”

“粘联”的作用在于：使“价值呈现”得以巩固。存在三个层次的“粘联”机制：①为铁路城镇综合体开发建设提供保护层；②能够不断吸引新的投资者加入到铁路城镇综合体开发建设行动中来；③把铁路城镇综合体开发建设转化成为一个整体行动的东西。

显然，制度是“铁路城镇综合体开发建设的保护层”；“能够不断吸引新的投资者加入到铁路城镇综合体开发建设行动中来”，表明铁路城镇综合体价值完全可以证券化；“把铁路城镇综合体开发建设转化成为一个整体行动的东西”，表明铁路城镇综合体已经体系化为一系列的理念、战略、体制机制及宏观政策。因此，“粘联”机制是：制度完善、证券化和体系化。

（1）制度完善

中央政府进一步细化“37 号文”，使之上升为“办法”乃至条例；抓紧落实工程建设标准规范的完善工作，完善铁路土地综合开发“铁路建设—地区开发—金融创新”一体化管理体系；地方政府应制定“铁路建设及周边开发用地政策”，并制定相关地方性法规和政府规章。

（2）证券化

能够证券化，表明：铁路城镇综合体的价值（性能价值、场所价值、意象价值）能够受到资本市场的认可，即铁路城镇综合体的定位、业态选择和产品设计适应资本循环规律的要求，能够不断吸纳投资者进入。简言之，地方的价值因“流”而起，并于最后能被“流”吸纳，才是好的项目。

（3）体系化

将铁路城镇综合体开发建设体系化为一系列包括理念（“铁路建设—地区开发—金融创新”一体化发展）、战略（作为城市和区域重要发展极优先发展）、体制机制和政策在内的体系。

借鉴：香港地铁“轨道＋物业”模式的体系化

（1）观念：地铁创造客流，对房地产开发形成吸引；房地产又能积聚更多客流，增加地铁经济效益。因此，围绕车站地区进行高强度开发，促使地铁与车站房地产开发之间相互配合，形成一种良性循环。

（2）体制：公私合作；地铁公司“上承接政府战略，下启动市场资源”。

（3）机制：①土地取得（私人协议方式）；②综合开发区（CDA），总纲发展蓝图；③与开发商合作。

（4）保障体系：①地铁公司定位（按审慎的商业原则运营）；②财政政策（土地财政）；③公交化都市空间规划体系；④交通政策（打造不须补贴的公共交通系统）；⑤健康（积极不干预、法治）的经济社会环境。

至此，本研究完整地建构起开发建设铁路城镇综合体的行动框架（图 5-12）。

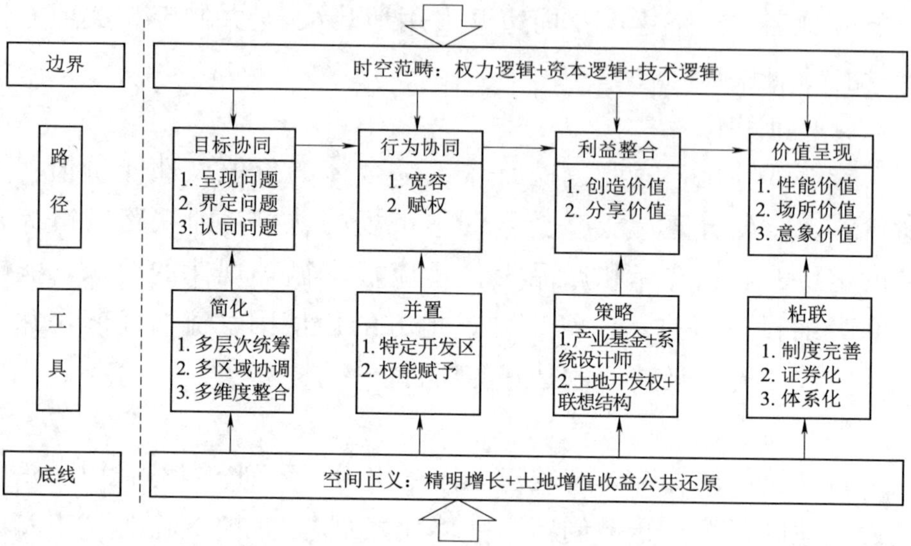

图 5-12 铁路城镇综合体开发建设的行动框架

行动框架强调：铁路城镇综合体开发建设是以“战略规划”为基础导引，以形成“命运共同体”为依归，以“特定开发区”作为实施平台，以“土地开发权”作为利益协调的基石，以“流动空间”和“地方空间”相互嵌入作为土地价值实现途径，以持续的“绩效改善”促使开发建设效果更好。

附录：落实“37 号文”

为落实“37 号文”的要求，抓好铁路土地综合开发，中国铁路总公司及各级铁路运输企业应重视抓好如下事项。

1. 准确理解铁路土地综合开发的战略使命

铁路城镇综合体的战略使命是支持“国土空间重构”和“资本寻求新出路”，其落脚点是“铁路建设—地区开发—金融创新”一体化。因此，不能仅将关注点聚焦在铁路企业能否获得土地、土地能否收储、如何“捆绑招标”等方面，而应该从明确铁路土地综合开发的战略使命入手，着眼于铁路网络能够为“地方”带来域外资源和影响的优势，将铁路建设、地区开发和金融创新融合起来，使铁路土地综合开发的载体建成环境的开发建设，和多层次金融体系创新相互促进；改革铁路建设经营体制和地方的城市开发建设体制，依赖制度创新和技术创新，构建基于政府、企业、社会的多层次多中心治理框架下的铁路土地综合开发体制。

2. 抓好铁路土地综合开发战略规划

一方面，通过资源梳理和可开发性评估，系统形成铁路土地综合开发的战略规划，明确发展目标和发展策略（包括近、中、远期发展规划），确定铁路土地综合开发的突围方向和行动计划。另一方面，主动协调国家发改委等相关机构，使铁路土地综合开发的战略规划“嵌入”相关国土开发战略规划和主体功能区规划，以便充分利用国家相关国土空间开发战略的政策，满足主体功能区规划的要求（或进行相应调整）。

3. 明晰中国铁路总公司的角色定位

中国铁路总公司应在铁路土地综合开发中重点扮演资源整合者和技术集成者的角色。①资源整合：集成国家战略和启动市场资源［上承接国家战略（国土空间开发），下启动市场资源（社会资本）］；着眼于依托自身作为流动空间精英组织的优势，专注于为“地方”带来域外资源和影响，通过资源整合提升土地金融价值。②技术集成：作为系统设计师，推动“铁路建设—地区开发—金融创新”一体化，对铁路土地实行“资源—资产—资本”一体化管理；作为新技术应用者和推动创新者，应重视将如何节约集约使用土地（紧凑城市、立体化等设计技术）、低碳城市、智慧城市等新技术应用于空间开发中。

为此，中国铁路总公司应该：①将总部层次的管理工作从重行政管理、重资产管理转向重资本管理，通过“资源—资产—资本”一体化管理系统建设，以土地资本化为重点，把土地管理和金融创新有效结合起来，顺应城市开发与证券化等关系越来越密切的发展趋势；②调整和提升总公司的组织体系，以适应铁路土地综合开发需要对空间组织、产业演替、社会网络重构、交通设施建设、公共政策制定、体制机制建构和市场运作等要素进行系统集成的要求。

4. 找准铁路土地综合开发的突围方向

以存量资产盘活作为铁路土地综合开发突围方向：①依托中国铁路总公司的部分优质存量土地资产作价，吸纳战略投资者的投资，共组产业投资公司（基金）；②通过产业投资公司（基金），进一步带动存量资产的盘活运用，进而在资本市场进行扩张，成为筹集铁路建设和土地综合开发资金的一个重要渠道，逐渐提升土地资产的流动性；③产业投资公司（基金）按照市场化机制运作，通过其投资决策机制倒逼，促进地方铁路运输企业的市场化运作意识和运作机制，进一步提高决策水平和经营管理水平。

5. 注重学习新知识、掌握新技能

需要学习的新知识和新技能包括：如何统筹综合开发（技术—空间—社会一体化统筹、策划统筹、设计统筹、建设统筹、投融资统筹、运营统筹）；如何和地方政府进行利益分享（正视铁路、地方政府和原有用地权人的利益冲突和协调机制，让利益相关者公正分享土地增值收益）；如何节约集约使用土地（TOD、立体化、紧凑城市等设计理念应用）；如何将新技术（低碳城市、智慧城市、生态城市等）应用于空间开发中，等等。

6. 完善相关制度和政策

(1) 地方政府应制定“铁路建设及周边开发用地政策”。重点探索：通过城市总体规划层面车站地区开发专项规划和控制性详细规划的编制（或修编）和管理，严格铁路建设用地控制，确保用地取得；对车站周边地区的开发实行收益公共还原政策，以保证周边地区的合理高强度开发和土地增值收益实现公共还原；处理好车站地区产业部署和城市人口结构及城市空间发展的合理匹配关系。

(2) 地方政府应制定相关地方性法规和政府规章。建议相关

（存在铁路土地综合开发建设任务）地方政府制定以下地方性法规和政府规章：①“×××市铁路及周边地区空间利用及规划管理规定”；②“×××市铁路控制保护区范围内建设项目审查技术规程”；③“×××市铁路车站空间利用及开发管理办法”；④“×××市铁路车站地区土地储备及收益分配办法”。

其中，地方政府应重点抓好如下工作：①改进城市建设用地分类，将“公交站场设施用地”或“铁路用地”用地性质调整为具有兼容性的用地，设立建设用地分层、分类出让机制；②将车站地区按照城市重要发展单元进行规划管理，把规划编制和土地整备、土地开发等公共政策和技术手段相结合，进一步明确铁路特定开发区的定位、开发规模、用地保障措施和出让条件；③完善车站地区的规划审批流程，实行多部门联合审批，引导各用地单位通过统一规划、统一审批和协调开发行为，以避免上下部空间开发、邻近地块开发的相互制约，避免空间、产业、交通和环境保护相互之间的分离；④完善投资激励机制，鼓励开发商联合铁路运输企业参与特定开发区内土地的竞投；⑤明确土地规划价值公共还原机制（铁路运输企业既可以以获得土地开发权的方式，也可以以分配土地出让收益的方式或开发商分担铁路设施建设费用的方式进行规划价值的分享），合理补偿利益受损者；⑥改革土地占补机制，变项目平衡为总量平衡，变数量平衡为数量、质量双平衡，并按照市场机制进行优化配置；⑦深化投融资体制改革，形成基础设施证券化、基础设施投资基金、市政债券等多元化融资模式。

(3) 抓紧落实工程建设标准规范的完善工作。中国铁路总公司抓紧推进相关部门进行相关工程建设标准规范的完善工作，系统地建立基于铁路站区实行一体化综合开发的土地使用规划、道路网络规划、公交线网规划、综合换乘枢纽的设计方法和技术标准，以及基于铁路的新城镇规划设计方法和指标体系（包括车站用地土地开发权的衡量指标、车站地区配套设施的配置办法和指标）。

（4）完善城市重要发展单元规划编制制度。地方政府应主动联合中国铁路总公司，以地方性法规或政府规章的形式明确，通过集合咨询专家、编制团队、开发建设单位建立联动的组织模式，统一组织、协调规划的委托、编制、咨询、协商和实施等环节，对涉及铁路土地综合开发的基础条件、关键问题、发展战略等内容进行共同研讨、共同决策；通过构建“一张图”基础数据平台、信息沟通平台、统一用地分类和工作流程的技术平台，实现数据、信息、技术等融合。

（5）完善“铁路建设—地区开发—金融创新”一体化管理体系。在通过规划编制重构物质空间的同时，重组制度结构和治理模式，从项目投资机会研究开始，逐阶段递进深化：①开展铁路工程可行性研究的同时，启动综合开发策划和投资模式咨询研究；②总体设计方案审定后，启动控制性详细规划编制（修编）和投融资策略研究，进行站点一体化设计（修建性详细规划）；③确定土地开发机制和出让条件。

7. 抓好示范项目

抓好不同类型的存量土地资源综合开发和新建铁路站场土地综合开发项目的开发建设，并做好相应的经验和教训总结。

对于示范项目，优先安排存量土地再开发项目和充分体现“流动空间和地方空间相互嵌入”的项目。后者可以探讨如何基于客户需求、移动互联网技术和铁路运输网的整合，创建“互联网＋地产O2O”运行体系，整合依赖互联网聚集人气的商业、旅游、养老、休闲农业等项目，在资本市场塑造铁路土地综合开发新概念（可以通过新三板上市，继而反向通过资本市场的增发或并购，解决铁路城镇综合体所需要的投入）。

6 应用示例：反思珠三角城际轨道交通站场 TOD 项目开发实践

本章主要内容： 运用本研究建构的关于开发建设铁路城镇综合体的理论体系和行动框架，对珠三角城际轨道交通站场 TOD 项目的开发实践进行反思，分析存在问题及其原因。

6.1 项目概况

《珠江三角洲城镇群协调发展规划（2004～2020）》提出"加快城际轨道交通建设，形成与城镇群空间格局相耦合的网络状城际交通通道和枢纽设施"。2005 年 3 月，国务院审议并原则通过《珠江三角洲地区城际轨道交通网规划（2004～2020）》，之后2009 年修订稿又获国家批复。该修订稿提出，到 2020 年，珠三角城际轨道交通总里程预计约 1 478 km。该线网规划此后又进行过多次修订。经多次修订后的珠三角城际轨道交通线网规划见图 6-1。

珠三角轨道交通网的战略使命：进一步带动区域内网络化基础设施的建设，使珠三角各城市成为相互之间联系密切的多层次、开放性的网络化城市群，有助于发挥各城市的资源优势，促进合作与协调，加快城市功能、布局和产业诸方面的深层次整合，并促使各个城市之间建立彼此信任、共同寻找解决问题的协作机制，形成大城市地区的新型网络化治理模式，进一步融入全球化。

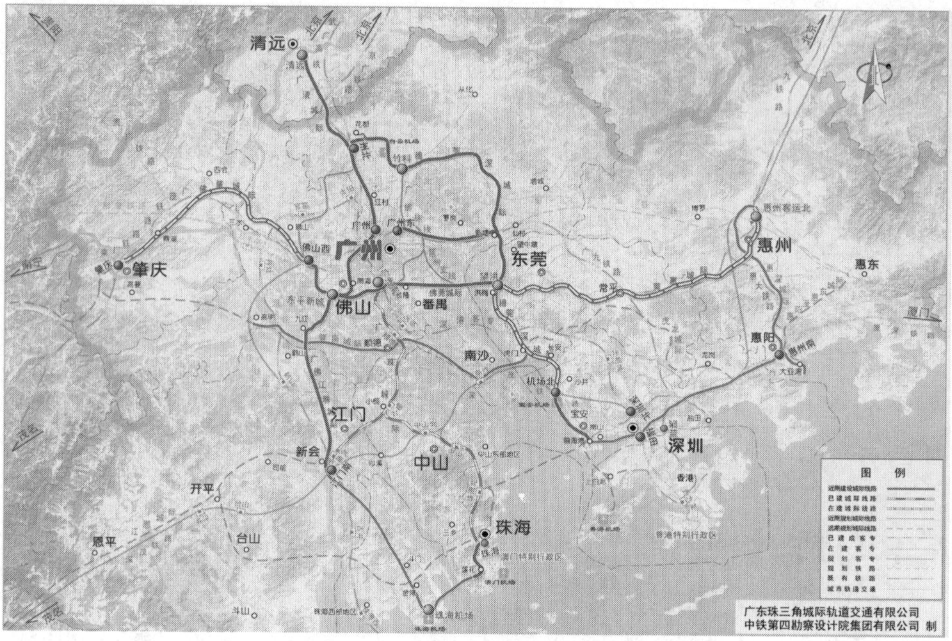

图 6-1　珠三角城际轨道交通线网规划示意图

1. TOD 项目规划

根据广东省人民政府的部署，对珠三角城际轨道交通站场展开 TOD 规划并实施开发建设（以下简称 TOD 项目）。TOD 项目的战略使命是：围绕站场地区构建区域新发展极，使之成为现代服务业和区域性服务中心的重要载体，带动城市功能提升和产业结构升级，并能够帮助弥补城际轨道的建设投入和运营亏损。为此，由广东省人民政府主抓，省住房和建设厅具体牵头组织编制了《珠三角城际轨道交通沿线土地综合开发总体规划》（以下简称 TOD 规划）。这是国内首个区域性 TOD 规划项目，自 2010 年 6 月开始启动编制。编制工作历经三个阶段：①筹备和前期研究（2010 年 6 月～2011 年 10 月）；②用地普查和编制框架设计（2010 年 9 月～2011 年 5 月）；③纲要和试点规划编制（2011 年 7 月～2012 年 9 月）。

TOD 规划按照三个层次开展编制。

（1）《珠三角城际轨道交通沿线土地利用状况普查》。主要内容包括：普查覆盖站场及周围 800 m 范围内的土地利用现状、土地权属现状、在建和拟建项目、发展规划、地方发展诉求等相关情况，进而评估沿线土地综合利用的总体潜力，分析其发展定位。

（2）《珠三角城际轨道交通沿线土地综合利用总体规划纲要》。主要内容包括：①对原有城际轨道交通线网规划进行整体评估，综合考虑城际轨道交通的发展条件和沿线城镇规划意图，从促进两者良性互动的角度，补充完善原有的轨道选线标准，提出远期轨道选线的指引，明确各站场的等级和定位；②从土地使用、交通组织、城市设计三个方面明确规划设计指引，形成站场周边地区 TOD 综合开发规划的原则性标准；③制定覆盖联络、协调、监督、评估和考核等方面的工作制度，明确省市各部门参与站场周边地区 TOD 规划实施工作的进入途径和主要措施，界定利益相关单位的职责，进而制定《珠三角城际轨道站场 TOD 综合开发规划编制技术指引》和《珠三角城际轨道站场 TOD 综合开发规划基础调查技术指引》。

（3）《珠三角城际轨道站场 TOD 综合开发规划》。主要内容包括：明确站场 TOD 综合开发的主要原则、站场的功能定位、土地使用性质、建设强度以及道路交通规划、城市设计和规划实施措施等。

《珠三角城际轨道站场 TOD 综合开发规划》作为有关各市开展相关片区的控制性详细规划的编制和调整及广东省铁路投资建设集团有限公司（以下简称省铁投）与各市进行合作开发商务谈判的基础。

按照省政府提出的“成熟一批、建设一批”的要求，TOD 规划编制时间视相应站场的建设情况而定，计划逐步实现 TOD 规划覆盖全部站场。2011 年 7 月～11 月，完成第一批试点项目（涉及 6 个站场）TOD 规划，并于次年 3 月获得省政府批复；2012 年 7

月～2013 年 2 月，编制第二批试点项目（涉及 7 个站场）TOD 规划，并于 2015 年 4 月获得省政府批复；2015 年 10 月，省政府批复了第三批一组 5 个站场 TOD 规划。2014 年初，省政府明确，以试点项目的 TOD 规划为范本，以相关文件和工作规程为准绳，将 TOD 规划纳入规范化管理，同时将规划主导权由省住房和建设厅转为地方政府，以增强地方自主性和特色化。期间，珠海市规划机构聘请了 TOD 之父卡尔索普的团队编制了珠海北站 TOD 项目的城市设计方案。

2. TOD 项目开发机制①

广东省人民政府于 2012 年印发《关于完善珠三角城际轨道交通沿线土地综合开发机制的意见》（以下简称《意见》），明确了 TOD 项目开发机制设计的总体原则、合作开发模式、利益分享模式和保障措施。

（1）总体原则

总体原则包括：①公交导向，优化布局；②统筹规划，共同发展；③利益共享，补亏为主。

之所以强调“补亏为主”，很大程度上是因为城际轨道交通投资规模庞大（整个线网总投资约 3 700 亿元），而且预计 2014～2023 年的 10 年间，三条骨干线路（穗莞深线、莞穗线和佛莞线）面临持续亏损（预计累积亏损约 90 亿元）的局面，其他支线亏损问题预计更为严重。因此，如何解决轨道交通建设和运营资金问题就成为 TOD 项目所肩负的重任了。

（2）合作开发模式

合作开发模式的要点可以概括为：①省—市合作；②红线内外采取不同合作开发模式。

所谓“省—市合作”是指：市级政府以不考虑城际轨道交通

①本节内容主要源自如下文章：ⓐ黄虎等. 珠三角城际轨道站场 TOD 规划中的市场介入及协调[J]. 规划师，2015，31（4）：34-40；ⓑ邵源. 平衡多元利益主体的城际轨道综合开发制度设计[C]. 新型城镇化与交通发展——2013 年中国城市交通规划年会暨第 27 次学术研讨会论文集，2013。

建设增值前的站场周边土地，作价入股成立省—市合资公司，共同开发或者转让、委托开发，省—市两级政府（省政府授权“省铁投”作为出资人；市级政府通常授权市属国有企业作为出资人）按照其中的股比分享城际轨道交通建设带来的土地增值。由于各市的经济基础不同，具体合作的站点情况又各有不同，所以“省—市合作”以“一地一策，切实可行”为原则。TOD 规划便成为省—市商讨合作的基础依据和政策载体。

所谓“红线内外采取不同合作开发模式”是指：红线内用地（站场用地，已按照基础设施建设的规定完成征地）由轨道交通项目业主（广东珠三角城际轨道交通有限公司，以下简称“项目业主”）负责开发（可由“项目业主”引入一个或多个具有开发资质的合作开发商，分别组建独立的项目公司）；红线外用地（以站场为中心、半径 800 m 左右范围内尚未划拨、出让的国有土地）由省市合作开发或由沿线市负责开发（其中，省市合作开发的，成立由省方主导的合资开发公司负责具体开发，地方政府可以土地、资金出资，但在合资开发公司的股比不得超过 50%）。红线内外用地划分如图 6-2 所示，红线内外用地合作开发组织模式如图 6-3 所示。

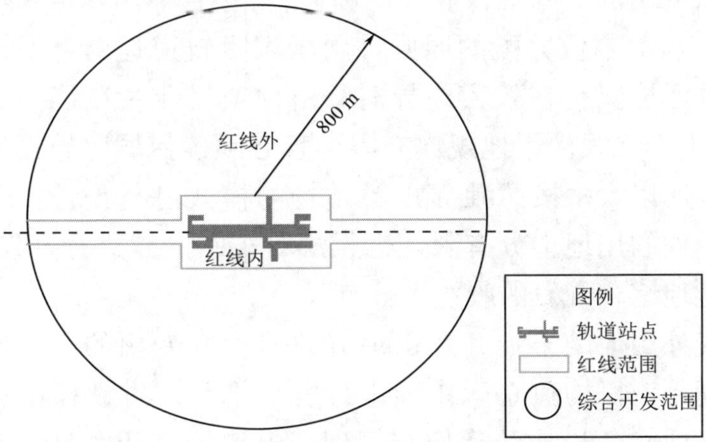

图 6-2　城际轨道交通站场红线内外用地划分示意图

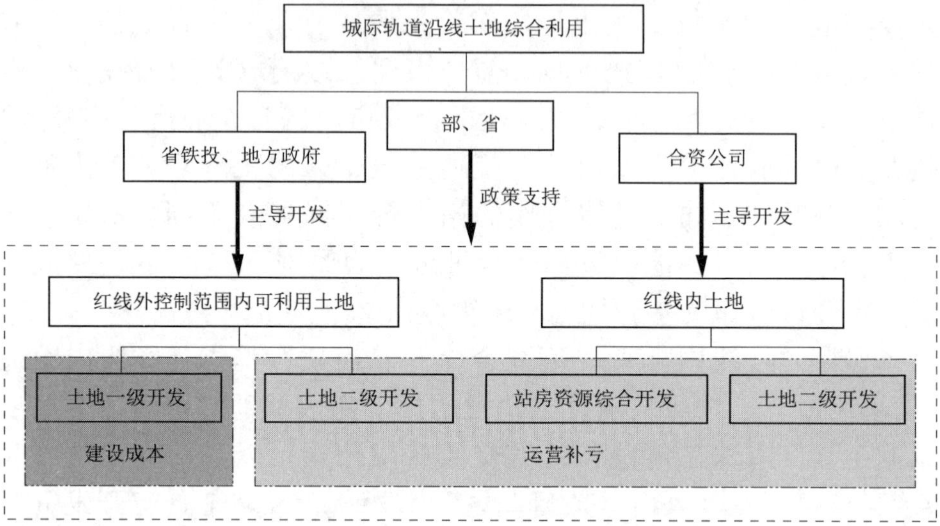

图 6-3 城际轨道交通站场红线内外用地开发组织模式

（3）收益分配模式

红线内土地综合开发收益主要包括站房资源综合开发（包括车站上盖物业、地下空间、站厅商业等功能开发等）收益，以及红线内节余用地的经营性物业开发收益等，其主体主要涉及"项目业主"和合作开发商，各个主体之间按照出资比例（或将用地折算成出资比例）分享物业开发利益。"项目业主"应得收益按照以线路为基本单位分配的原则，用于城际轨道运营补亏（如各线路之间补亏情况存在较大差异时，由"项目业主"统一进行适度调整）。由于红线内用地规模有限，且必须确保城际轨道交通的建设周期，所以大多按照独立设置站场的模式进行设计，以致可进行综合开发的用地十分有限，也无法对车站上盖进行开发。因此，红线内土地综合开发的收益十分有限。

红线外用地的土地开发由地方政府设立专门的土地储备机构专项负责，该机构独立运作和进行资金平衡。省铁投由省政府授权参与土地储备机构的运作与管理。土地综合开发收益既包括土地一级开发的出让收益，也包括土地二级开发及物业经营收益。

开发收益实现方式有两种：①土地储备机构在土地一级市场以招拍挂方式出让土地，获得土地开发的升值收益，除了土地储备机构运作所需留出部分外，其余部分返还省铁投作为城际轨道交通建设成本。②完成一级开发的土地以协议或定向招拍挂方式出让给省铁投，由其主导二级开发，所得收益优先用于城际轨道交通运营补亏。

（4）保障措施

《意见》提出的保障措施包括三个方面：加强组织领导，加强规划管理和加强政策支持。其中最受关注的政策支持是 TOD 项目不挤占市级建设用地指标，由省政府以整体打包的方式向国家申请专项用地指标，并定向下达到各站场。此外，站场 TOD 规划颁布实施后，在 TOD 规范范围内，如涉及相关土地利用规划调整的，各级政府及土地行政主管部门应参照省重点项目政策予以支持、落实，合理调整用地布局。

6.2 开发实践反思

从 2010 年开始实施 TOD 项目，至今已逾五年，主要成就是完成了二批试点项目的规划审批。能够按照原定合作模式进行开发启动实施的项目几乎没有。如果与国外许多大型站点地区开发项目对比，这样的进度可谓正常（比如大阪北 GRANDFRONT 项目，从筹划到建成一期项目，就历经 10 余年）。但如果从当前体制的角度看，可以说属于进展缓慢了：TOD 项目属于省委、省政府亲自推动的项目，对地方政府来说，显然是一项难得的政绩工程，没有理由拖拉；而且作为当事人之一的省铁投也是不遗余力的和各市进行谈判，也签订了不少合作协议书。从实施情况看，个别地方，列入 TOD 试点计划且属于“省—市合作”的项目进展缓慢，而没有列入计划且完全属于市政府主导的站点地区开发项目则进展较快，这就值得深思了。

表面看，珠三角外围地区的土地较为充裕，同时经济实力较弱，在解决土地指标的情况下，由省级主体介入开发，地方政府是欢迎的，但进展也比较缓慢；在珠三角的核心城市，由于土地比较紧缺，征地拆迁难度大，“省—市合作”的障碍较大，以致影响到项目推进。那么，一些城市的非 TOD 计划项目为什么能够以不算太慢的速度得以推进？这颇值得深思：是不是行动的路径没有选对？是不是缺乏有效的推进工具？

根据本研究设计的行动框架，下面分别从“路径”、“边界与底线”和“工具”等方面对上述问题进行探讨。

1. 路径原因

(1) 从“目标协同”看：TOD 项目的战略使命具有内在矛盾性，难以促使各方形成共识。

从公开的资料和对访谈的整理，可以看出：广东省人民政府是 TOD 项目的主导力量，具有足够的权威，但赋予 TOD 项目的战略使命存在自身的矛盾性：“围绕站场地区构建区域新发展极，使之成为现代服务业和区域性服务中心的重要载体，带动城市功能提升和产业结构升级”这一目标，显然各个市级政府都是认同的；而“能够帮助弥补城际轨道的建设投入和运营亏损”对于任何一个市级政府来说，都不是一件可以很愉快地面对的事情，尤其是在实际执行中，运营补亏已经演变成了 TOD 项目的核心要义。具有内在矛盾性的战略使命，在激发参与行动者的积极性方面，显然要大打折扣。

此外，市级政府以承担城际轨道交通项目在该市范围内线路及车站用地的拆迁安置，所投入的费用作为对于城际轨道交通项目的出资（按照规定，沿线市出资额不少于征地拆迁费用，同时如发生因应沿线市的要求对原有设计方案进行更改而增加的费用由当地市承担，一并作为项目资本金）。按照补亏责任与项目出资比挂钩的原则，谁出钱多，谁承担的补亏责任就大。这意味着，为城际轨道交通建设的贡献越多，却要负担越多的亏损责任。显然，这也难以激发地方政府的积极性。

珠三角城际轨道交通是省部合力推动的项目，其强大的控制权掌握在中央政府、铁道部（现为中国铁路总公司）和广东省政府这一权力构型的内部，该项目整个流程更多地体现为权力内部（尤其是省级政府和他的上级政府，当然也会争取取得城市政府的配合）的游戏，不是一个政府、市场和社会都利益均沾的游戏体系。除了权力外，其他主体无法在规划阶段就能够参与讨论并表达利益诉求，只有到了投融资、建设、运营阶段才对市场、社会开放，以致无法在项目启动之初就形成共识。

事实上，通过TOD项目培育区域新的增长极，需要各级政府长期扶持，精心呵护才有可能实现。但由于又赋予其为城际轨道交通补亏的重任，使补亏成为TOD项目事实上的核心要义，加上又强调由省铁投主导合资开发公司的具体开发活动，更容易挫伤地方政府的积极性，容易导致地方政府对其实行粗放式开发，难免会浪费TOD项目的区位价值，很有可能得不偿失。

（2）从“行为协同”看：重“管理”轻“治理”。

从站点地区开发建设的组织逻辑角度看，TOD项目治理侧重于技术治理（如重视通过制定技术准则引导TOD规划的编制）；对于经济治理，侧重于考虑如何攫取土地价值（强调返还城际轨道交通建设成本和运营补亏）；对于社会治理则基本不涉及，难以引起整个社会的认同和普遍支持。一个不健全的项目治理体系，自然无法充分发挥各方力量的积极性去推动项目的进展。

从更深层次看，根源在于目前区域层面行政体系的缺陷。这是因为，我国行政体系中，“区域层面并没有有效的政治主体，这种现状导致目前区域内各种地方利益的严重分化。因此，目前的区域规划，多数已经无法起到引导高度网络化区域交通发展的目的”[①]。

TOD项目治理的“信任”基础也是存在问题的。“省—市合

①孟宇. 把握时代机遇的优势整合——浅析法国高速铁路车站地区综合开发的实践经验［C］. 生态文明视角下的城乡规划——2008中国城市规划年会论文集。

作”一心一意为了补亏，但无法真正弄清楚实际亏损多少。这是因为，珠三角城际交通项目源于“省—部合作”，运营是委托铁路运输企业负责的（即使项目业主希望自行组织运营，但是由于整个线网的重要节点都已和全国高铁网融为一体，自行组织运营几乎是不可能的），而铁路运输企业目前的票务清分体制，使得地方无法真正弄清楚实际亏损多少，这必然导致合作各方之间是缺乏信任基础的。如果将来实际发生的亏损额要高于预测，对于“省—市合作”必然会发生重大冲击，甚至会导致致命的后果——网络治理得以有效的基础就是“信任”！

此外，省级政府的补亏责任和地方政府的补亏责任能否公正地划分，也是导致能否使各方建立“信任”的一个重要基础。

（3）从“利益整合”看：忽视通过协作和互补创造场所价值。

TOD 规划过多地关注对于站点地区“性能价值”的创造（主要通过城市形态塑造来实现），忽视了通过区域内的协作和互补来创造场所价值，即充分发挥网络治理效应。因此，导致各个项目均呈现出功能雷同、形态相似的格局（基本上都按照半径 800 m 进行统筹）。这种规划，忽视产业部署，并使得站点之间存在同质竞争的问题，难以获得市场的认同。

此外，珠三角核心地区土地紧缺，经营性用地拆迁补偿成本过高，尚未有合适的制度建设可以有效应对拆迁安置中的过高补偿诉求。

（4）从“价值呈现”看：未充分展现长远效益。

TOD 规划成果侧重于给地方政府呈现项目的“性能价值”，忽视了如何通过促使“地方”和流动空间相互嵌入以实现土地价值，难以让地方和市场力量理解项目的长远效益。

所以，TOD 项目的行动路径是模糊的。

2. “边界与底线”原因

（1）从“边界”看：边界残缺。

TOD 规划由省住房和建设厅主导，由规划团队具体负责编制。

编制团队充分运用了 TOD 规划理念，也注意征询地方的诉求。似乎整个规划过程已经考虑了利益相关者的诉求。但从站点地区的选址、定位、产品及业态选择应受到权力逻辑、资本逻辑和技术逻辑的共同限定的要求看，显然，TOD 规划工作忽视了资本逻辑的限定（即市场主体的利益诉求），即行动者进行行动的“边界”是残缺的。事实上，一些偏远地区或远离市区的 TOD 项目，市场是不看好的（或者看好前景，但认为不适应近期市场的需求）。目前，TOD 规划主导权下放，注重让建设主体（主要是省—市投资主体）介入规划，以让市场诉求和提出的意见能够被规划吸纳，也是一种弥补“边界”残缺的做法。但由于省市投资主体是行政色彩较浓的国有企业，能否充分反映市场诉求，则很难说了。

（2）从“底线”看，未充分体现公平正义。

过于强调 TOD 项目为城际轨道交通项目解决建设和运营资金，也即是期望将土地增值收益还原给铁路投资建设者。这种强调，容易导致决策者忽视土地增值收益或许是其他地区的相关要素被转移到轨道交通的沿线地区，是其他地区以衰落或付出代价的结果。仅仅强调针对轨道交通投资者进行“土地增值收益公共还原”，势必造成新的不公平，更无法获得社会的认同（尤其是利益受损地区或主体）。

虽然 TOD 项目不占用当地建设用地指标，但是毕竟占用了当地的用地。这些用地因为邻近站场而有巨大的升值潜力，但其增值收益却被用于补亏，对地方政府来说，这是一种机会损失——地方政府无法独占站场邻近用地收益。

可见，TOD 项目的参与行动者进行行动的“边界”是残缺的，“底线”未充分体现公平正义。

3. 工具原因

（1）从“简化”看：规划工具陈旧导致用地不匹配。

城际轨道交通选线先于 TOD 项目，即两者是分别呈现的。线网规划只需将关注的焦点放在规划对象的物理属性（如规模、布局、运行水平等）上，重视建设条件（导致选线较偏，虽然建设成本低了，工期短了，但客流少了），未考虑沿线土地综合开发的可能性，导致真正要开发时，面临土地方面的巨大障碍。如个别站周边土地规划的基本都是农用地和基本农田，远离城镇。选线时考虑不周，有部分沿线市当时就已经对城际轨道交通兴趣不大，更遑论共同参与补亏了。由于客流量不足，导致补亏任务增加，直接影响到市一级政府的积极性。

（2）从“并置”看：未能协同各种开发建设行为。

由于轨道交通规划与城市规划存在对位缺失，以致一开始就忽略了车站建设的个体开发行为与其他开发行为的潜在利益冲突，难以及早化解和避免实施过程的行为冲突。同时，为实施 TOD 开发，需要调整城镇总体规划及相应片区控制性详细规划（此外部分站点区位较偏，原先规划根本就没有考虑到，必须补充编制），这些都需要投入和花费较长的时间进行处理。此外，忽视金融创新对铁路建设和地区开发的纽结作用。

（3）从“策略”看：过于强调从土地开发进行利益还原。

虽然强调“一地一策”，但还是更多地在土地开发上做文章。事实上，完全可以通过制度创新，实行多样化的利益还原方式为运营补亏做贡献，比如可以通过设置基金、以购买服务的形式为运营补亏做贡献，等等。过于强调从土地开发进行利益还原，也使得 TOD 项目不得不肩负具有内在矛盾性的战略使命。

（4）从“粘联”看：过多依赖行政指令推进工作。

《意见》不具有法律效力，未能将 TOD 项目的实施体系化为一系列的理念、战略、体制机制及宏观政策，仅靠行政指令推进各项工作。这种做法很容易导致“一时一策”。

可见，推动 TOD 项目的“工具”仍属陈旧。

6.3 小结

反思珠三角城际轨道交通站场 TOD 项目开发实践，可以认为存在如下问题：路径模糊、边界残缺、底线未充分体现公平、工具陈旧。

（1）路径模糊。TOD 项目的战略使命具有内在的矛盾性，难以吸引地方政府积极参与。事实上，没有必要将补亏责任和 TOD 项目挂钩，而应允许地方政府采取购买公共服务的方式对城际轨道交通项目提供补贴。

（2）边界残缺、底线未充分体现公平。过于强调了遵循权力逻辑和技术逻辑，忽视了资本逻辑（市场利益），使得很多项目目前并不具备开发条件；过于强调了土地增值收益还原给铁路投资建设者，忽视了土地增值是其他地区以衰落或付出代价而导致。

（3）工具陈旧。由于规划编制上的不对位，导致利益冲突难以及早表面化，因而难以及早化解和避免实施过程的行为冲突；过于强调从土地开发进行利益还原，忽视补亏方式的创新；过多依赖行政指令推进工作，容易导致“一时一策”。

附录：关于完善珠三角城际轨道交通沿线土地综合开发机制的意见

为做好珠三角城际轨道交通项目沿线土地综合开发工作（以下简称土地综合开发），现就完善土地综合开发机制问题提出以下意见。

一、总体原则

（一）公交导向，优化布局。按照珠三角区域一体化发展的要求，采取公交导向型（TOD）开发模式推进土地综合开发，打造一批“城市综合体”，拓宽优化城市发展空间，创新城市空间组织形式，提升区域整体竞争力，形成城际轨道交通与城市规划建设相互促进的良性循环。

（二）统筹规划，共同发展。统筹协调珠三角城际轨道交通站场建设、站场周边土地开发与城市发展之间的关系，做好土地综合开发规划、城市总体规划、土地利用总体规划的相互衔接，促进城际轨道交通资源与城市资源的整合利用、共同发展。

（三）利益共享，补亏为主。充分发挥省市各方积极性，合理划分省市补亏责任；土地综合开发的净收益按补亏责任由各有关方共享，并应首先用于弥补城际轨道交通项目建设及运营的资金缺口，支持珠三角城际轨道交通可持续发展。

二、开发主体

（一）红线内土地开发主体。珠三角城际轨道交通项目红线内土地开发工作由该轨道交通项目业主承担。其中，广东珠三角城际轨道交通有限公司（以下简称珠三角城际公司）负责建设的项目，由珠三角城际公司设立的土地开发公司负责项目红线内土地开发，该土地开发公司的日常工作由广东省铁路建设投资集团有限公司（以下简称省铁投集团）主导开展。城际—城市轨道交通换乘站的红线内土地可由省市共同开发，具体开发方式由省市协商确定。

（二）红线外土地开发主体。红线外土地开发采取“一市一公司、一地一政策”的原则，由省市联合开发，或者由沿线市负责开发，具体由省市协商确定。其中，省市联合开发的，由省铁投集团作为省级出资人代表，分别与各沿线市出资人代表成立由省方主导的合资开发公司，负责对该市行政区域内依法取得的城际轨道交通站场红线外土地进行开发，省市在合资开发公司的股权比例由省市双方协商确定（市级出资比例应低于50%），并按股比分享开发净收益。

各开发主体按照省统一规划实施土地综合开发，省铁投集团负责统筹衔接红线内外土地综合开发工作。红线内外开发主体可按市场化原则，通过委托开发、合资合作等方式实现更紧密的一体化运作。

三、开发规模

（一）红线内开发用地规模。珠三角城际轨道交通项目建设用地遵循集约用地原则，其用地规模原则上按住房城乡建设部、国土资源部、铁道部《关于发布〈新建铁路工程项目建设用地指标〉的通知》（建标〔2008〕232 号）规定的上限标准确定。沿线市政府应支持轨道交通项目业主依法取得用地。在确保轨道交通功能需求和运营安全的前提下，提倡立体空间开发，合理划定开发用地规模。

（二）红线外开发备选用地规模。珠三角城际轨道交通各站场周边一定范围内可开发的土地可作为开发备选用地。其中，以各站场为中心、半径 800 米左右范围内尚未划拨、出让的国有土地，以及其他适合开发建设的土地应作为开发备选用地，具体开发备选用地规模在土地综合开发规划中予以明确。在城际轨道交通项目规划选址阶段，沿线市政府应及时加强对以站点为中心、半径 800 米范围内用地的规划控制，在城际轨道交通项目可行性研究报告批复后、省住房城乡建设厅编制确定土地综合开发规划前，应暂停受理、核发此范围内地块的建设用地规划许可或出具地块规划设计条件，并暂停出让及划拨土地；因国家、省重点工程或重大民生工程、环境保护工程建设，确有必要在暂停期内开展上述工作的，由有关市政府向省政府专题申请。

（三）沿线市提供的红线外开发备选用地规模应与承担的补亏责任相匹配，允许各市在各站点、各线路和以站点为中心、半径 800 米范围内外进行统筹，统筹的开发备选用地应具有开发价值。

（四）对省市合作的红线外开发备选用地，各市应科学合理确定出让底价，依法公开交易；省市合资开发公司依法取得土地的开发净收益全部用于珠三角城际轨道交通项目建设及运营补亏。

四、收益管理

（一）明确补亏责任。珠三角城际轨道交通项目的运营亏损原则上由业主单位依照项目单独分线核算。项目的全线运营亏损额按沿线市路段进行分摊，各市路段分摊的运营亏损额（即该城际轨道交通项目在沿线市境内路段的运营亏损额）按沿线市境内路段投资占项目总投资的比例确定。项目业主单位应加强监管，节约成本，努力减少运营亏损。

（二）规范土地综合开发净收益管理。各市城际轨道交通站场红线内土地综合开发净收益由轨道交通项目业主用于冲减该市相应路段分摊的运营亏损。在红线内土地综合开发净收益冲减运营亏损的基础上，剩余运营亏损按以下方式弥补：

1. 沿线市境内红线外开发备选用地由该市负责开发的，则该市路段剩余亏损额由该市全部承担。

2. 沿线市境内红线外开发备选用地由省市联合开发的，则该市路段剩余亏损额按省市在该路段的出资比例分担（铁道部参与投资的，其出资额纳入省级出资额）。其中，省级亏损额由红线外土地综合开发的省级净收益进行弥补，不足部分由省政府统筹解决；市级亏损额由红线外土地综合开发的市级净收益进行弥补，不足部分由该市统筹解决。红线外土地综合开发省级净收益在弥补省级亏损额后仍有剩余的，全部交由沿线市支配。

（三）设立运营补亏保障金。珠三角城际轨道交通运营补亏保障金由土地综合开发的省市出资人净收益、各沿线市上缴的城际轨道运营专项补亏资金等构成。该保障金在省铁投集团设立专户，由省财政厅负责监管，做到专户存储，专项用于珠三角城际轨道运营补亏。省财政厅负责牵头制订珠三角城际轨道交通项目运营保障金管理办法，规范该保障金的来源、收缴、汇集、划拨、使用等事项。

五、保障措施

（一）加强组织领导。省政府成立土地综合开发工作领导小组，负责总体部署土地综合开发工作，研究协调土地综合开发工作中的重大事项。领导小组由分管副省长任组长，各沿线市政府和省发展改革委、财政厅、国土资源厅、住房城乡建设厅、国资委以及广州铁路（集团）公司、省铁投集团、珠三角城际公司有关负责同志为成员，领导小组日常工作由省发展改革委承担。各沿线市政府、省有关部门、有关企业要充分认识土地综合开发的重大意义，高度重视，齐心协力，狠抓落实，为此项工作顺利开展营造良好环境。

（二）加强规划管理。珠三角城际轨道交通沿线站场红线内外的土地综合开发规划在与土地利用总体规划相衔接，并充分征求沿线市政府、省有关部门和轨道交通项目业主意见的基础上，由省住房城乡建设厅统筹编制，报经省政府审定后发布执行。各市要根据该土地综合开发规划实施进度需要，在半年内依法调整相关用地的控制性详细规划等城乡规划，适时依法调整土地利用总体规划，调整后的控制性详细规划应报省住房城乡建设厅备案审查。各土地开发主体根据控制性详细规划按程序开展开发建设的报批工作。

（三）加强政策支持。建立健全保障土地综合开发的体制机制，对城际轨道交通沿线站场土地开发在规划报批、土地使用以及有关收费等方面给予政策支持。省国土资源厅、财政厅、住房城乡建设厅等部门要尽快研究出台省权限范围内的项目红线内外土地综合开发的优惠政策。

［本“意见”由广东省人民政府以粤府函〔2012〕16号印发］。

7 研究总结

本研究主要成果：从演化的视角建构“铁路城镇综合体”，并演绎了关于铁路城镇综合体开发建设的理论体系；建构起开发建设铁路城镇综合体的行动框架；对“37号文”进行了解读和评析，提出了完善建议。

7.1 主要结论

1. 关于铁路城镇综合体的认知与建构

本研究以“过程哲学”为哲学信仰分析铁路城镇综合体的实质、战略使命、组织逻辑和重要特性。①实质：由权力、资本、技术、制度、物质环境等异质性要素构成的“命运共同体”；②战略使命：支持国土空间重构和资本寻求新出路；③组织逻辑：多层次网络治理，其演化具有多种可能性；④重要特性：多结构性、网络依赖性、非完全整合性和多演化形态性。

从演化的视角对铁路城镇综合体进行了建构：铁路城镇综合体开发建设是一个以“权力”为驱动力，在权力逻辑、资本逻辑和技术逻辑共同限定的时空范畴内，参与行动者基于“空间正义”，以“他组织和自组织协同演化”的方式，通过“利益整合”（包括“价值创造”和“价值分配”）使“合作剩余”（包括“能力”与“资产”）最大化，并构建出新的国土空间利益关系的过程。

2. 关于铁路城镇综合体的理论体系

理论体系包括基础理论和应用理论，其优势在于：可以将铁路城镇综合体生成涉及的各种异质性（不同维度、不同层次、不同场所、不同时段）要素综合起来进行考量和统筹，从主体、过程与机制一体化的视角理解铁路城镇综合体何以生成。

(1) 基础理论：铁路城镇综合体生成理论

基础理论阐释“铁路城镇综合体何以生成”，其逻辑起点源自“权力”，理论的演绎逻辑隐含于“权力的实践过程”（一个由价值主张驱动、发生在特定场域、结构化制约和能动性相互建构的过程）。

铁路城镇综合体生成理论揭示：①多个层次、多种类型、多个场所的行为主体（组织、个人）和宏观结构化制约（规则、资源）共同构成铁路城镇综合体开发建设的主体力量，两者相互建构，共同推进铁路城镇综合体的开发建设；②通过体制机制改革，改进铁路城镇综合体开发的“权力构型”和“行动逻辑”，有助于充分发挥参与行动者的能动性，更好地推进铁路城镇综合体的开发建设；③支持“权力”实践的“场域”应具有开放的格局（即对话机制应该是开放的），以便于充分吸纳各种要素（无论是人类的，还是非人类的）在其中相遇、相互建构和整合。

(2) 应用理论：铁路城镇综合体开发理论

应用理论阐释“如何开发建设铁路城镇综合体”的“路径”和“绩效改善机制”，以及参与行动者进行行动所应遵循的“边界”和“底线”。其优势在于：能够有效地将技术性、社会性两种维度，宏观、中观、微观三个层面的演化纳入一个统一的框架内进行对等审视和整合处理。

应用理论揭示：①应按照“战略引导—体制创新—利益整合—制度保障”的行动逻辑组织开发建设铁路城镇综合体；②应将对铁路城镇综合体开发建设效果的评价贯穿于整个开发建设流程；③在铁路城镇综合体开发建设过程中应坚持“底线优先”原则。

3. 关于铁路城镇综合体开发建设的行动框架

对铁路城镇综合体开发理论进行实用化，建构起“路径—边界与底线—工具”一体化行动框架。

（1）“路径”明确了铁路城镇综合体开发建设须经历四个环节：①目标协同；②行动协同；③利益整合；④价值呈现。

（2）“边界”表明铁路城镇综合体生成的时空范畴由“权力逻辑”“资本逻辑”和“技术逻辑”共同决定；“底线”表明参与行动者分享利益应遵循“空间正义”。

（3）“工具”集合了促使铁路城镇综合体开发建设效果趋向“更好”的机制：①简化（改进目标协同）；②并置（改进行为协同）；③策略（改进利益整合）；④粘联（确保利益整合成果可以持续）。

行动框架强调：铁路城镇综合体开发建设是以“战略规划”为基础导引，以形成“命运共同体”为依归，以“特定开发区”作为实施平台，以“土地开发权”作为利益协调的基石，以“流动空间”和“地方空间”相互嵌入作为土地价值实现途径，以持续的“绩效改善”促使开发效果更好。

4. 关于“37 号文”的完善建议

应以“铁路特定开发区制度”作为顶层设计，对“37 号文”构建的“土地取得及整合机制”“利益协调机制”和“行为协调机制”进行系统深化和完善。

7.2 应用建议

1. 准确理解和把握铁路城镇综合体开发建设的复杂性和战略使命

（1）充分认识铁路城镇综合体开发建设的复杂性和艰巨性。铁路城镇综合体开发建设涉及流动空间和地方空间的相互嵌入所带来的多种要素、多种机制的互补性和整合利用，涉及多种专业、多种开发建设行为的综合集成，不宜以一般意义的房地产开发策略和手法去应对。要重视探讨确保各项开发活动相互配合，共同实现城市与区域的整体发展目标的行动策略，以及为达到这一目标的保障体系。

（2）准确理解铁路城镇综合体的战略使命。铁路城镇综合体的战略使命是支持“国土空间重构”和“资本寻求新出路”，其落脚点是“铁路建设—地区开发—金融创新”一体化。因此，应明确实施铁路城镇综合体开发的主导力量和参与行动者，以及主导力量和参与行动者的责任、权利和义务。①主导力量应该是国务院组成部门（以发改委牵头，国土资源部、住房和城乡建设部、交通运输部等组成领导小组，中国铁路总公司在其中起着办公室的作用），参与行动者包括中国铁路总公司、省（市）政府、市场力量和社会力量，以及第三方机构；②主导力量应组织编制铁路城镇综合体开发战略规划，作为落实和优化国土空间开发战略和国家新型城镇化发展规划的载体，作为部委协作的基础，指导各地铁路城镇综合体的开发建设。

2. 认真做好基础性工作

（1）制定铁路城镇综合体发展战略规划。通过土地资源梳理和可开发性评估，系统形成铁路城镇综合体开发战略规划，明确发展目标（包括近、中、远期发展目标）和发展策略，确定行动计划。中国铁路总公司主动协调国家发改委等相关机构，将铁路城镇综合体开发战略规划“嵌入”国家相关国土空间开发战略规划和主体功能区规划，以便充分利用国家相关国土空间开发战略的政策，满足主体功能区规划的管制要求。中国铁路总公司和省级政府应通过协商就铁路城镇综合体开发制定行动计划。

（2）进一步完善“37 号文”。制定“铁路特定开发区制度”，并以之作为顶层设计，对“37 号文”提出的铁路土地综合开发机制进行深化完善，逐步上升为“办法”乃至“条例”。

（3）明晰中国铁路总公司的角色定位。中国铁路总公司应在铁路土地综合开发中重点扮演资源整合者和综合技术集成者的角色：①资源整合：集成国家战略和启动市场资源［上承接国家战略（国土空间开发战略），下启动市场资源（社会资本）］；着眼于依托自身作为流动空间精英组织的优势，专注于为地方空间带来域外资源和影响，通过域外、域内资源的整合提升“地方”的资产价值。②综合技术集成：作为系统设计师，推动“铁路建设—地区开发—金融创新”一体化，对铁路土地实行“资源—资产—资本”一体化管理；作为新技术应用者和推动创新者，注重将节约集约使用土地（紧凑城市、立体化等设计技术）、低碳城市、智慧城市等新技术应用于空间开发中。为此，中国铁路总公司应该：①将总部层次的管理工作从重行政管理、重资产管理转向重资本管理，通过“资源—资产—资本”一体化管理系统建设，以土地资本化为重点，把土地管理和金融创新有效结合起来，顺应城市开发与证券化等关系越来越密切的发展趋势；②调整和提升公司的组织体系，以适应铁路土地综合开发需要对空间组织、产业演替、社会网络重构、交通设施建设、公共政策制定、体制机制建构和市场运作等要素进行系统集成的要求。

3. 明确铁路土地综合开发的突围方向和土地价值实现的战略途径

（1）以存量资产盘活作为铁路土地综合开发突围方向。①依托中国铁路总公司的部分优质存量土地资产作价，吸纳战略投资者的投资，共组产业投资基金，通过产业投资基金，进一步带动存量资产的盘活运用，进而在资本市场塑造概念，进行扩张；②产业投资基金按照市场化机制运作，通过其投资决策机制倒逼，有助于促进地方铁路运输企业的市场化运作意识和运作机制，进一步提高决策水平和经营管理水平；③按突破［选取合适项目（易于被市场接受）和战略投资者合作，组成产业投资基金］、整合［逐步将其他资产整合（通过收购或作价）］、证券化三阶段逐步推进。

（2）以“流动空间”和“地方空间”相互嵌入作为实现土地价值的战略途径。①中国铁路总公司应着眼于依托自身作为“流动空间”精英组织的优势，专注于为“地方空间”带来域外资源和影响，通过域外、域内资源的整合和知识共享提升土地金融价值；②当下应重点探索如何基于客户需求、移动互联网技术和铁路运输网的整合，创建“互联网＋地产 O2O”体系，整合依赖互联网聚集人气的商业、旅游、养老、休闲农业等项目，在资本市场塑造铁路土地综合开发新概念（可以通过新三板上市，继而反向通过资本市场的增发或并购，解决铁路城镇综合体所需要的投入）。

4. 完善体制机制

（1）创建新型的“中央—地方—铁路—资本”合作体制。基于制度创新，通过市场化力量的主导作用和顶层设计的约束导引相结合，让不同层次（中央—地方）、不同范畴（政府—企业—社会）的力量都可以基于各自关于铁路城镇综合体开发整体战略的角色定位和利益诉求，构建基于政府、企业、社会多中心多层次治理框架下的铁路土地综合开发体制，将铁路建设、地区开发和金融创新融合起来。

（2）以铁路“特定开发区”作为实施平台。①通过“特定开发区”的综合集成平台作用，优化综合开发中土地、产业、规划（土地、城市、交通、环境）、设计、建设、投融资、运营等管理机制和制度建设；②将“特定开发区”范围内的土地（包含经营性用地和铁路工程建设用地），均按土地开发权进行整合和进行交易，按照整体设计方案进行实施开发；③按照规划设计条件和土地出让条件，鼓励开发商承担特定开发区内的铁路建设（或配套设施）项目的建设或运管费用。

（3）以“土地开发权”作为利益协调的基石。①“特定开发区”范围内的土地均按土地开发权进行权利分配和整合，即所有土地权利人的利益均按土地开发权进行衡量；②土地开发权除了可以按市场价值予以补偿外，也可允许原有土地开发权权利人以其权益参与合作开发，依其土地开发权分享开发所得利益；③允许土地开发权转让、交换（由于土地使用方式改变对土地开发权造成损害的，通过指标转移等手段给予补偿；新建站场地区暂未具备市场条件的用地，可以通过与其他土地开发权进行交换进行开发）；④依据土地开发权改进土地增值价值分配方式（包括土地开发权交易、土地出让金和税费分成）。

5. 充分发挥地方政府的能动作用

省级政府应加强统筹，①制定本行政区铁路城镇综合体开发战略和行动计划，建立跨越行政区域的协调机制，协调并督促相关城市政府和铁路投资建设者建立能够积极配合、相互支持、彼此互动的协作关系；②立足于区域统筹，根据铁路建设计划，及时组织城市总体规划层面的车站地区开发专项规划编制（或修编），处理好车站地区产业部署和城市人口结构及城市产业发展的合理匹配关系。相应地，国家应允许省级政府以整体打包的方式向国家申请铁路城镇综合体专项用地指标，并可以在行政区范围内进行统筹使用。地方政府应允许铁路投资建设者参与站点地区土地一级开发。

6. 完善政策和制度

（1）地方政府应主动协商中国铁路总公司制定“铁路建设及周边开发用地政策”。重点探索：①通过总体规划层次铁路站点地区综合开发专项规划和控制性详细规划的编制（或修编）和管理，严格铁路建设用地控制，确保用地取得；②对车站周边地区实行“规划价值公共还原”政策，以保证周边地区的合理高强度开发和土地增值收益实现公共还原；③处理好车站地区产业部署、空间组织和交通体系的合理匹配关系。

（2）地方政府应制定相关地方性法规和政府规章。建议相关（存在铁路土地综合开发建设任务）地方政府制定以下地方性法规和政府规章：①“×××市铁路及周边地区空间利用及规划管理规定”；②“×××市铁路控制保护区范围内建设项目审查技术规程”；③“×××市铁路车站空间利用及开发管理办法”；④“×××市铁路车站地区土地储备及收益分配办法”。

（3）抓紧落实工程建设标准规范的完善工作。中国铁路总公司应抓紧推进相关部门进行相关工程建设标准规范的完善工作，系统地建立基于铁路站区实行一体化综合开发的土地利用规划（包括车站地区配套设施的配置办法和指标）、道路网络规划、地面公交线网规划、综合换乘枢纽的方法和技术标准，以及基于铁路的新城镇规划设计方法和指标体系。

7. 充分发挥第三部门的作用

建议中国铁路总公司建立铁路土地综合开发专家委员会，吸纳这一领域的资深专家参与提供决策咨询意见；借助第三部门的力量，赋予它对于铁路城镇综合体开发建设具有“全程跟进，综合协调，全面指导，重点把关”的职责。

7.3 相关发现

1. 有必要以高速交通体系大发展为契机推进空间规划体系的重构

在高速交通体系（包括实体交通和虚拟交通）的引导下，城市体系将不再是传统的行政区域相连的模式，而是一种由流动空间主导的网络城市，趋向于一种多中心网络嵌套的空间结构。传统的空间规划体系已难以应对这种变化。有必要抓紧推进空间规划体系的重构，以国土空间系统规划作为顶层设计，以流动空间和地方空间相互嵌入为核心内容，按照“网络—走廊—节点”的层次关系，整合和改进现有的城乡规划体系和土地利用规划体系。

2. 在铁路城镇综合体开发建设中需要重视“权力”特性和“资本”需求特性变化的影响

一方面，由于资本循环已处于从第二循环向第三循环迈进阶段，资本侧重于进入支持科技创新空间和体现社会福利的领域，其投资效益的衡量相对于资本处于第二循环时，已经发生了很大的改变，即已不可能再沿用在第二循环中侧重于政府主导的“规划设计—土地收储—招商引资”的模式了；金融创新和新技术应用在空间生产过程中占据更为重要的比重，要从注重“土地出让”转向注重“地区发展模式招商”。

另一方面，《地方政府存量债务清理处置办法》［国办〔2014〕43号］使得地方政府期望使用价值可持续的项目落户，因此要从注重“短期收益”转向注重“长期价值”。

3. 需要基于“市场变迁—资本循环”框架建构铁路城镇综合体开发价值“寻求机制”

由于铁路城镇综合体具有网络依赖性，以及铁路城镇综合体开发建设处于新的时空范畴（国土空间趋向网络化国土空间系统和资本循环从第二循环迈入第三循环），其开发价值评价的视角发生了两个转向：①从本土市场转向“本土市场—区域市场”；②从适应于资本第二循环的重资源禀赋分析转向适应于资本第三循环的重产品创新分析，因而需要基于“市场变迁—资本循环”框架建构铁路城镇综合体开发价值“寻求机制”，而不仅仅是“评价”。

4. 应该把项目评价作为一种绩效改善机制，贯穿于开发建设的全过程和各个重要环节

铁路城镇综合体的生成具有多种可能性，而且过程不可逆，对演化结局进行后评价没有太多实质意义，重要的是对过程进行持续的检讨和改进。因此：①应该把后评价作为一种持续的绩效改善机制，贯穿于铁路城镇综合体开发建设的全过程和各个重要环节；②需要通过体制机制创新和政策完善，发挥参与行动者的能动性，形成一致的努力不断进行改进以达到好的结局。

5. 必须将铁路城镇综合体开发建设和金融创新结合起来

只有结合铁路城镇综合体开发建设，构建高效的多层次金融体系（包括完善市镇债、资产证券化等），盘活存量资产、资金，优化增量资金；构建高效的公私合作关系（以适应项目治理体系的创新，如PPP等），才有可能推动铁路城镇综合体开发建设事业可持续发展。

7.4 研究展望

建议进一步开展如下研究：①《铁路城镇综合体发展战略规划》编制大纲研究；②铁路城镇综合体知识创新平台研究（知识创新平台的作用在于将铁路建设、综合开发、投融资和互联网应用整合起来）；③铁路综合开发土地“资源—资产—资本”一体化管理体系研究；④铁路城镇综合体设计管理体系研究。

参考文献

[1] Luca. Bertolini，Tejo Spit. Cities on Rails：Redevelopment of Railway Stations and Their Surroundings [M]，E&FN SPON，1998.

[2] 段进. 国家大型基础设施建设与城市空间发展应对——以高铁与城际综合交通枢纽为例 [J]．城市规划学刊，2009 (1)：33-37.

[3] 王辑宪，林辰辉. 高速铁路对城市空间演变的影响：基于中国特征的分析思路 [J]．国际城市规划，2010，25 (1)：16-23.

[4] 王辑宪. 高速铁路影响城市与区域发展的机理 [J]．国际城市规划，2011，26 (6)：1-5.

[5] 王姣娥，丁金学. 高速铁路对中国城市空间结构的影响研究 [J]．国际城市规划，2011，26 (6)：49-54.

[6] 郑德高，杜宝东. 寻求节点交通价值与城市功能价值的平衡——探讨国内外高铁车站与机场等交通枢纽地区发展的理论与实践 [J]．国际城市规划，2007，22 (1)：72-76.

[7] 林辰辉. 我国高铁枢纽站区开发的影响因素研究 [J]. 国际城市规划，2011，26 (6)：72-77.

[8] 殷铭，等. 站点地区开发与城市空间的协调发展 [J]. 国际城市规划，2013，28 (3)：70-77.

[9] 何塞·乌鲁尼亚，等．从国家、区域和地方视角看高速铁路对沿线大城市发展的挑战 [J]. 黄勇，译. 国际城市规划，2011，26 (6)：30-41.

[10] 路易斯·阿尔布雷克特，等．大走廊：取得流动空间与场所空间的平衡 [J]. 蒋冰蕾，等，译. 国际城市规划，2011，26 (6)：42-48.

[11] 张艳，华晨. 解析高铁作为城市空间重组的结构性要素：法国里昂案例分析 [J]. 国际城市规划，2011，26 (6)：102-109.

[12] 高津利次．日本高铁的历史与未来 [J]. 甘霖，译. 国际城市规划，2011，26 (6)：6-15.

[13] 赫特·约斯特·皮克，等. 透视站点地区的发展潜能：荷兰节点-场所模型的10年发展回顾 [J]. 惠晓曦，等，译．国际城市规划，2011，

26 (6)：63-71.

[14] 王兰. 高速铁路对城市空间影响的研究框架与实证 [J]. 规划师，2011，27 (7)：13-19.

[15] 岑迪，等. “流空间”视角下的新型城镇化研究 [J]. 规划师，2013，29 (4)：15-20.

[16] 林辰辉，马璇. 中国高铁枢纽站区开发的功能类型与模式 [J]. 城市交通，2012，10 (5)：42-49.

[17] 石海洋，等. 触媒理论视角下高铁枢纽对城市发展影响的研究 [J]. 江苏城市规划，2012 (4)：17-21.

[18] 于涛，陈昭. 高铁驱动中国城市郊区化的特征与机制研究——以京沪高铁为例 [J]. 地理科学，2012，32 (9)：1041-1046.

[19] 邵源. 平衡多元利益主体的城际轨道综合开发制度设计 [C]. 新型城镇化与交通发展——2013 年中国城市交通规划年会暨第 27 次学术研讨会论文集，2013.

[20] 史官清，等. 我国高铁新城的使命缺失与建设建议 [J]，城市发展研究，2014，21 (10)：彩页 1-5.

[21] 胡映东. 城市更新背景下的枢纽开发模式研究——以大阪站北区再开发为例 [J]. 华中建筑，2014 (6)：120-126.

[22] 黄虎，等. 珠三角城际轨道站场 TOD 规划中的市场介入及协调 [J]. 规划师，2015，31 (4)：34-40.

[23] 郑明远. 轨道交通时代的城市开发 [M]. 北京：中国铁道出版社，2006.

[24] 李传成. 高铁新区规划理论与实践 [M]. 北京：中国建筑工业出版社，2012.

[25] 日建设计站场城一体开发研究会. 站城一体开发：新一代公共交通指向型城市建设 [M]. 北京：中国建筑工业出版社，2014.

[26] 毛蒋兴、韦娜. 高速铁路背景下促进南宁城市发展与产业转型升级研究 [M]. 北京：经济科学出版社，2014.

[27] 汪晗. 土地开发与保护的平衡：土地发展权定价与空间转移研究 [M]. 北京：人民出版社，2015.

[28] 郑可佳. 后开发区时代开发区的空间生产：以苏州高新区狮山路区域为例 [M]. 北京：中国建筑工业出版社，2015.

[29] 唐旭昌．大卫·哈维城市空间思想研究［M］．北京：人民出版社，2014.
[30] 高山．城市综合体：思想理念·设计策略·实现机制［M］．南京：东南大学出版社，2015.
[31] 武延海，等．空间共享：新马克思主义与中国城镇化［M］．北京：商务印书馆，2014.
[32] 倪鹏飞．新型城镇化：理论与政策框架［M］．广州：广东经济出版社，2014.
[33] 杨慧．新型城镇化与金融支持［M］．广州：广东经济出版社，2014.
[34] 何芳．城市土地再利用产权处置与利益分配研究——城市存量土地盘活理论与实践［M］．北京：科学出版社，2014.
[35] 王权典．新型城镇化存量土地再开发之调控与规制策略［M］．北京：知识产权出版社，2015.
[36] 欧阳彬．全球金融危机与当代资本主义金融化研究［M］．北京：对外经济贸易大学出版社，2015.
[37] 冯奎．中国新城新区发展报告［M］．北京：中国发展出版社，2015.
[38] 李松涛．高铁站区城市空间形态研究［D］．天津：天津大学，2009.
[39] 郑明远．轨道交通与城市空间整合规划方法论研究［D］．北京：北京交通大学，2012.
[40] 鲁瑞虎．武广高铁对湖南省区域空间结构重组的影响研究［D］．长沙：湖南师范大学，2009.
[41] 井维仁．高铁客运站周边地区城市设计研究［D］．西安：西安建筑科技大学，2012.
[42] 王慧云．基于土地发展权的高铁站区开发权利分配研究［D］．北京：北京交通大学，2015.
[43] 森海国际工程顾问股份有限公司．以国土规划观点拟订高速铁路车站特定区整体发展策略之研究［R］．台湾，2012.

后　　记

造化弄人!

10 年前，我将自己在广州地铁 1 号线沿线物业开发这一领域折腾 10 余年的经验和教训（教训多于经验）做了总结，出版了《轨道交通时代的城市开发》。本来想，这本书完成，可以算是对 15 年也算丰富（但不多彩）的地铁人生进行了总结，自此可以自由地闯荡江湖，体验全新的生活和工作了。没想到，北京交通大学梁青槐教授的一个电话，又改变了我的人生轨迹。

但我不后悔！因为这一改变，让我能够有机会亲聆施仲衡院士、全永燊教授、焦桐善先生等大师的教诲，分享他们的真知灼见；让我有更多的机会去体验轨道交通综合开发的乐趣和折磨！在大师们的指导下，我潜心地对轨道交通综合开发的实质进行了探究，并形成了自己分析这一领域课题的方法论框架，反过来使我羞于翻起 10 年前那本书了！衷心感谢施院士和各位大师！特别地感谢梁青槐教授。

面对“37 号文”，面对很多高铁站区长满野草的工地，面对很多表达技巧高超的站点 TOD 城市设计方案，我不由又感慨广州地铁 1 号线沿线物业开发的跌宕起伏：开始热火朝天，很快一地鸡毛，20 余年过去，沿线 27 个地块至今也只完成 8 个地块的开发建设。应对地铁 1 号线沿线物业开发不断呈现的各种问题的 10 余年，也是让我不断阅读，不断思考“轨道＋物业”是什么的过程，让无意中闯入这一领域的我对“轨道＋物业”模式的本质有了深入的理解。

我想对新进入这一领域的同行们说的是，以往我们对香港地铁“轨道＋物业”模式的理解太简单化了，以为地铁公司有土地就可以对地铁运营进行补亏了，只是“招拍挂”制度阻碍了我们打造内地版的“轨道＋物业”模式。其实，我们并没有把这一模式的本质和具不具有“可学习性”研究透，就把它当作一种先进经验拿来使用了。先行者广州地铁 1 号线沿线物业开发的教训值得汲取：“轨道＋物业”模式有其完整的理论体系，理论准备不足时，不要轻易去搞。先于这一教训，美国人的总结更为精辟：美国轨道交通联合开发项目失败的原因，并不在于市场，而是政府和企业对联合开发的复杂性缺乏足够的认识（见：美国城市土地协会《联合开发——房地产开发与交通的联合》）。

当下铁路土地综合开发的时代背景是十分独特的：网络化的高速交通体系（包括实体交通和虚拟交通）对国土空间产生深刻影响，使得原来等级化联系的城镇体系布局趋向于一种由流动空间主导的网络城市；资本已经通过第二循环完成了巨额积累，需要寻求新的出路，也即要迈入第三循环。这种时代背景，注定了具有区域增长极意义的铁路站点地区开发，肩负的使命绝不仅仅是解决铁路建设及运营补亏资金那么简单！更不可能简单地照搬以往地铁站点地区开发的做法！我们欢呼“37 号文”出台的时候，要特别冷静地思考清楚：为何开发？为谁开发？何以开发？

十分感谢焦桐善先生！没有他的鼓励，这本书不可能写出来。

感谢冯菱、童俊嘉、姚璇、陈家怡和廖思婷几位同学！他们耗费了整个寒假的时间，完成了高铁站区的调研和资料整理工作。

郑明远

二零一五年十一月